MISSTAG I PENSIONSPLANERING OCH HUR MAN UNDVIKER DEM

Innehållsförteckning

Introduktion 1
Dröjer med pensionsplanering 2
Underskattning av pensionskostnader 6
Misslyckas med att diversifiera investeringar 10
Ignorera inflationen 14
Överberoende på social trygghet 17
Planerar inte för sjukvårdskostnader 21
Att försumma skattekonsekvenser 25
Undersparande till pension 29
Misslyckas med att omvärdera pensionsplaner regelbundet .. 33
Ta ut besparingar för tidigt 37
Att inte ha en akutfond 40
Försummar att ta hänsyn till livslängd 43
Missräkning av pensionsåldern 46
Med utsikt över arbetsgivarens pensionsplaner 49
Söker inte professionell ekonomisk rådgivning 52
Misslyckas med att hantera skulder före pensionering 55
Förstår inte pensionsutbetalningsalternativ 58
Felaktig allokering av investeringar i pension 61
Försummar att planera för förmåner för makar och efterlevande 64
Missbedöma vikten av fastighetsplanering 67
Underskattning av effekten av bostadskostnader 71
Ignorera livsstilsförändringar vid pensionering 75
Misslyckas med att planera för erforderliga minimiutdelningar .. 78
Att inte sätta upp tydliga pensionsmål 81
Med utsikt över värdet av kontinuerligt lärande 84
Förlitar sig för mycket på arv 87
Missförståelse av livräntans roll 89
Misslyckas med att justera för marknadsvolatilitet 92
Överväger inte deltidsarbete eller alternativa inkomstströmmar . 95
Inte kommunicera dina pensionsplaner 97

Slutsats 100

Upphovsrättsmeddelande

Alla rättigheter reserverade. Ingen del av denna bok får reproduceras, distribueras eller överföras i någon form eller på något sätt, inklusive fotokopiering, inspelning eller andra elektroniska eller mekaniska metoder, utan föregående skriftligt tillstånd från utgivaren, förutom vad som är tillåtet enligt upphovsrättslagen.

Introduktion

Pensionering är en viktig milstolpe i livet, som ofta ses som belöningen för årtionden av hårt arbete. Men det är också en fas i livet som kräver noggrann planering, framförhållning och disciplin. Tyvärr går många människor oförberedda i pension, antingen genom att göra viktiga misstag under planeringsstadiet eller genom att misslyckas med att förutse utmaningar de kommer att möta när de går i pension. Den här boken är utformad för att hjälpa dig undvika dessa vanliga fallgropar.

Oavsett om du precis har börjat fundera på pensionen eller bara är några år bort, kommer de beslut du tar idag att få bestående konsekvenser för din ekonomiska trygghet och livskvalitet. Från att underskatta levnadskostnaderna i pension till att förlita sig för mycket på social trygghet, även små felsteg kan få betydande konsekvenser på vägen. Målet med den här boken är att identifiera dessa potentiella misstag, hjälpa dig att förstå riskerna och ge praktiska råd om hur du kan undvika dem.

Varje kapitel fördjupar sig i ett specifikt misstag som många pensionärer gör, och erbjuder inte bara en förklaring av problemet utan också åtgärder du kan vidta för att säkerställa att du inte hamnar i samma fällor. Du kommer att lära dig om vikten av att börja tidigt, diversifiera investeringar, planera för sjukvård och mycket mer.

Att planera för pensionering handlar inte bara om att spara pengar – det handlar om att skapa en strategi som gör att du kan njuta av det liv du har arbetat så hårt för att bygga upp. Med rätt förberedelser och kunskap kan du undvika vanliga misstag och gå i pension med självförtroende, trygghet och sinnesfrid.

Så oavsett om du är en erfaren investerare, precis har börjat spara, eller någonstans däremellan, är den här boken för dig. Låt oss ge oss ut på denna resa tillsammans och se till att din pension är allt du drömmer om att den ska bli.

Dröjer med pensionsplanering

Pensionering kan tyckas vara ett avlägset mål, särskilt när du är i början av dina arbetsår. Att skjuta upp pensionsplaneringen är dock ett av de viktigaste ekonomiska misstagen en person kan göra. Även om det är frestande att skjuta upp det tills du är äldre eller mer ekonomiskt säker, minskar varje år av förhalning tiden ditt sparande har på sig att växa och skapar onödig stress senare i livet. Ju tidigare du börjar, desto mer tid ger du för dina investeringar att mogna, vilket ger dig den bästa chansen till en bekväm och ekonomiskt säker pension.

Kärnan i problemet med förhalning i pensionsplanering är tidsförlusten – en värdefull resurs i ekonomisk planering. När du dröjer går du miste om kraften i att räntan ska bli mervärdig. Sammansatt ränta är den ränta som tjänas inte bara på det initiala beloppet du investerar utan också på den ränta som ackumuleras över tiden. Ju längre dina pengar måste växa, desto mer betydande blir dina besparingar. Till exempel, någon som börjar investera för pension vid 25 och lägger undan ett blygsamt belopp varje månad kommer sannolikt att samla på sig mycket mer förmögenhet än någon som börjar vid 40 och bidrar med större belopp. Detta beror på att tid, inte bara pengar, är en avgörande faktor för att bygga välstånd.

En annan konsekvens av att skjuta upp pensionsplaneringen är det ökade trycket att spara mer när pensioneringen närmar sig. När du är ung har du råd att avsätta en mindre del av din inkomst till pensionen eftersom du har decennier på dig för att pengarna ska växa. Men ju närmare pensionsåldern du kommer utan att ha en solid plan, desto mer behöver du spara varje år bara för att komma ikapp. Detta ökar inte bara den ekonomiska stressen utan kan också begränsa din förmåga att njuta av din inkomst under dina bästa inkomstår, eftersom du måste avleda en större del till pensionssparande.

Många människor skjuter upp pensionsplaneringen eftersom de tror att de har andra, mer omedelbara ekonomiska prioriteringar, som att köpa ett hem, betala av studielån eller spara till sina barns utbildning. Även om dessa alla är giltiga farhågor, är det riskabelt att försumma pensionssparande till förmån för kortsiktiga mål. Finansiella planerare betonar ofta vikten av att balansera nuvarande finansiella behov med långsiktiga mål. Nyckeln är att börja smått om det behövs men att börja ändå. Även små bidrag, som görs konsekvent över tiden, kan växa till en betydande pensionsfond.

En vanlig missuppfattning som leder till förhalning är tron att pensionsplanering är något som bara äldre behöver oroa sig för. Detta kunde inte vara längre från sanningen. Faktum är att ju tidigare du börjar, desto mindre överväldigande blir processen. De som börjar i 20- eller 30-årsåldern kan successivt bygga upp sitt pensionssparande under flera decennier, ofta med relativt blygsamma insatser. Å andra sidan måste individer som skjuter upp till 40- eller 50-årsåldern kämpa för att ta igen förlorad tid, vilket kan vara ekonomiskt skrämmande och stressande.

Dessutom, förhalning i pensionsplaneringen beror ofta på en bristande förståelse för hur mycket pengar som faktiskt kommer att behövas för att leva bekvämt i pension. Många människor underskattar drastiskt kostnaderna i samband med pensionering och tror att deras utgifter kommer att minska avsevärt när de slutar arbeta. Även om det är sant att vissa kostnader, som pendling eller arbetsrelaterade kostnader, kommer att minska, tenderar andra, som sjukvård, att öka avsevärt när vi åldras. Utan noggrann planering kan pensionärer finna sig själva kämpa för att täcka dessa kostnader, även om de har betalat av stora utgifter som ett bolån.

En annan ofta förbisedd faktor vid pensionsplanering är livslängden. Tack vare framsteg inom hälsovård och livsstilsförbättringar lever människor längre än någonsin tidigare. Det betyder att ditt pensionssparande kan behöva räcka i 20, 30 eller till och med 40 år. Om du skjuter upp pensionsplaneringen riskerar du att överleva ditt sparande, vilket kan leda till ekonomisk osäkerhet och försämrad livskvalitet under dina senare år. Däremot kan de som börjar planera tidigt bättre redogöra för möjligheten till en lång pensionering och kan anpassa sina sparstrategier därefter.

En anledning till att många skjuter upp pensionsplaneringen är den felaktiga uppfattningen att socialförsäkringen kommer att räcka för att stödja dem i pensionen. Även om social trygghet kan ge ett värdefullt komplement till din inkomst, är det osannolikt att det räcker i sig, särskilt om du vill behålla din nuvarande livsstil. Den genomsnittliga socialförsäkringsförmånen är vanligtvis bara en bråkdel av vad de flesta människor behöver för att täcka sina levnadskostnader när de går i pension. Att enbart förlita sig på social trygghet utan andra besparingar eller inkomstströmmar kan göra pensionärer sårbara för ekonomiska brister.

De psykologiska hindren för pensionsplanering kan också vara betydande. Många undviker att tänka på pension för att det känns överväldigande eller för att de är osäkra på var de ska börja. Komplexiteten i investeringsalternativ, osäkerheten i marknadsutvecklingen och den stora mängd pengar som verkar nödvändig kan få människor att skjuta upp planering. Men dessa utmaningar kan hanteras med rätt tillvägagångssätt. Att bryta ner planeringsprocessen i mindre, hanterbara steg kan göra det lättare att ta itu med. Att börja med grundläggande steg – som att bidra till en 401(k) eller IRA, ställa in automatiska bidrag och lära sig om investeringsalternativ – kan skapa fart och leda till större förtroende för din ekonomiska framtid.

För dem som känner sig överväldigade av pensionsplaneringens komplexitet kan det vara ett utmärkt steg framåt att söka hjälp av en finansiell planerare. En professionell kan hjälpa dig att bedöma din nuvarande ekonomiska situation, sätta upp realistiska mål och utveckla en plan som är skräddarsydd efter dina behov. Att arbeta med en rådgivare kan också hjälpa dig att hålla dig ansvarig och motiverad för att hålla din pensionsplanering på rätt spår.

Sammanfattningsvis är att skjuta upp pensionsplaneringen ett kostsamt misstag som kan få bestående konsekvenser. Genom att skjuta upp går du miste om kraften i att sammansätta räntan, ökar din framtida ekonomiska börda och begränsar din förmåga att njuta av din inkomst i nuet. För att undvika dessa fallgropar är det viktigt att börja tidigt, även med små bidrag, och att hålla fast vid din plan över tid. Pensionsplanering behöver inte vara överväldigande, och med rätt strategi kan du säkerställa en ekonomiskt säker och tillfredsställande pension.

Underskattning av pensionskostnader

Ett av de vanligaste och potentiellt förödande misstagen människor gör när de planerar för pensionering är att underskatta sina pensionskostnader. Många individer antar att deras levnadskostnader kommer att minska avsevärt när de slutar arbeta, vilket leder till att de överskattar hur långt deras besparingar kommer att sträcka sig. Men verkligheten är ofta en helt annan. Medan vissa utgifter, som pendling eller arbetsrelaterade kostnader, kan försvinna, kan andra utgifter öka eller förbli konsekventa, vilket gör att många pensionärer är oförberedda på att behålla sin önskade livsstil. Att förstå den verkliga kostnaden för pensionering är avgörande för att säkerställa ekonomisk trygghet och undvika obehagliga överraskningar senare i livet.

En av de främsta anledningarna till att människor underskattar pensionsutgifterna är att de inte tar hänsyn till livsstilsförändringar. Pensionering ses ofta som en period av avkoppling och njutning, med mer tid tillgänglig för hobbyer, resor och andra aktiviteter som kan ha lagts på is under ens arbetsår. Men dessa aktiviteter kommer ofta med en prislapp. Oavsett om det är frekventa resor, äta ute eller ägna dig åt dyra hobbyer som golf eller båtliv, kan kostnaderna snabbt öka. Utan noggrann planering kan pensionärer upptäcka att deras besparingar är otillräckliga för att stödja deras önskade livsstil, vilket tvingar dem att dra ner på just de aktiviteter de såg fram emot när de gick i pension.

Ett annat område där många pensionärer räknar fel är vården. Även om du kan vara vid relativt god hälsa i början av din pensionering, är det viktigt att förutse att sjukvårdskostnaderna sannolikt kommer att stiga när du åldras. Sjukvårdskostnader är en av de snabbast växande kostnaderna för pensionärer, och de ökar ofta med åldern på grund av behovet av tätare läkarbesök, receptbelagda mediciner och potentiella långtidsvårdstjänster. Enligt olika studier kan det genomsnittliga paret som går i pension idag förvänta sig att spendera hundratusentals dollar på sjukvård under hela sin pensionering. Dessa kostnader inkluderar

Medicare-premier, egna utgifter, tandvård och hörapparater, av vilka ingen täcks helt av Medicare.

Särskilt långtidsvård är en betydande kostnad som många människor misslyckas med att förbereda sig för. Enligt US Department of Health and Human Services kommer nästan 70 % av personer över 65 år att behöva någon form av långtidsvård under sin livstid. Oavsett om det är vård i hemmet, stödboende eller ett äldreboende, kan långtidsvård snabbt tömma pensionssparande om det inte är planerat i förväg. Många tror felaktigt att Medicare kommer att täcka dessa kostnader, men Medicare täcker i allmänhet inte långtidsvård, vilket gör att pensionärer kan lita på Medicaid, privat sparande eller långtidsvårdsförsäkring för att fylla luckan. Att ignorera de potentiella kostnaderna för långtidsvård är en farlig förbiseende som kan spåra ur även de bäst utformade pensionsplanerna.

Inflation är en annan nyckelfaktor som många pensionärer förbiser. Även om inflationstakten ibland kan verka låg, kan även en blygsam inflation urholka köpkraften avsevärt under loppet av en 20- eller 30-årig pension. Till exempel, om inflationen i genomsnitt bara är 2 % per år, kommer levnadskostnaderna att öka med cirka 50 % under 20 år. Det betyder att pensionärer som inte tar hänsyn till inflation kan upptäcka att deras besparingar, som verkade tillräckliga i början av pensioneringen, inte längre täcker deras levnadskostnader under senare år. Att misslyckas med att planera för inflation kan leda till ekonomiska brister, vilket tvingar pensionärer att antingen sänka sin levnadsstandard eller återgå till arbete vid en tidpunkt då de kanske inte längre vill eller kan göra det.

En annan utgift som ofta underskattas är boende. Många antar att när de väl har betalat av sina bolån kommer bostadskostnaderna inte längre att vara ett problem. Men även om du äger ditt hem direkt, finns det fortfarande pågående kostnader att ta hänsyn till, såsom fastighetsskatter, husägares försäkring, verktyg, underhåll och potentiella hemändringar när du åldras. När hemmet åldras kan de kräva dyra reparationer, som ett nytt tak, uppdaterade VVS eller till och med tillgänglighetsuppgraderingar för att tillgodose mobilitetsproblem. Att inte ta hänsyn till dessa pågående boendekostnader kan leda till budgetunderskott, särskilt om större reparationer eller uppgraderingar behövs under pensioneringen.

Utöver dessa uppenbara utgifter, förbiser pensionärer ofta mindre, vardagliga kostnader som kan öka med tiden. Föremål som matvaror, transporter, underhållning, gåvor och donationer till välgörenhet kan verka som mindre utgifter, men under loppet av 20 eller 30 år kan de påverka ditt pensionssparande avsevärt. Det är viktigt att spåra dina nuvarande utgiftsvanor och uppskatta hur de kan förändras vid pensionering. Vissa utgifter kan gå ner, men andra, som att spendera på hobbys eller äta ute, kan öka. Att vara realistisk om dina dagliga utgifter kan hjälpa till att säkerställa att du inte spenderar mer än dina besparingar.

Ett annat kritiskt fel vid uppskattning av pensionskostnader är att man inte kan ta hänsyn till oväntade livshändelser. Oavsett om det är ett stort hälsoproblem, en marknadsnedgång eller en nödsituation i familjen, kan oförutsedda kostnader snabbt kasta din pensionsplan ur spåret. Många pensionärer antar att deras besparingar och socialförsäkring kommer att räcka för att täcka deras grundläggande behov, men de planerar inte för det oväntade. Utan en finansiell kudde eller nödfond kan pensionärer komma på att de hoppar in i sina pensionssparande i förtid eller tar på sig skulder, vilket kan tömma deras resurser snabbare än väntat.

För att undvika att underskatta pensionsutgifterna är det viktigt att skapa en omfattande och realistisk pensionsbudget. Börja med att analysera dina nuvarande utgifter och justera sedan för eventuella förväntade förändringar i pensionen. Tänk på både fasta kostnader, som bostäder och verktyg, och rörliga kostnader, som resor och sjukvård. Ta hänsyn till inflation, stigande vårdkostnader och potentiella behov av långtidsvård. Genom att ta ett proaktivt tillvägagångssätt och planera för ett brett utbud av utgifter kan du hjälpa till att se till att ditt pensionssparande räcker under hela din livstid.

Det är också en bra idé att med jämna mellanrum se över och justera din budget när du närmar dig pensionen och under dina pensionsår. Livsförhållandena förändras, och det gör även utgifterna. Genom att regelbundet se över din pensionsplan och budget kan du göra justeringar efter behov för att säkerställa att du håller dig på rätt spår. Oavsett om det handlar om att skära ner på diskretionära utgifter, justera din investeringsstrategi eller hitta sätt att generera ytterligare intäkter, kan förbli flexibel och proaktiv hjälpa dig att navigera i de ekonomiska utmaningarna med pensionering.

Sammanfattningsvis är att underskatta pensionsutgifterna ett misstag som kan få allvarliga konsekvenser. Pensionering är en tid då du borde kunna slappna av och njuta av frukterna av ditt arbete, men att inte uppskatta dina utgifter korrekt kan leda till ekonomisk stress och osäkerhet. Genom att förstå de verkliga kostnaderna för pensionering – inklusive livsstilsförändringar, hälsovård, inflation, bostäder och oväntade händelser – kan du skapa en mer exakt och realistisk plan för framtiden. Med noggrann planering kan du undvika denna vanliga fallgrop och njuta av en ekonomiskt säker och tillfredsställande pension.

Misslyckas med att diversifiera investeringar

En av de mest kritiska men ofta förbisedda aspekterna av pensionsplanering är investeringsdiversifiering. Diversifiering innebär att du sprider dina investeringar över olika tillgångsklasser – såsom aktier, obligationer, fastigheter och likvida medel – för att minska risken och förbättra avkastningspotentialen. Att misslyckas med att diversifiera kan utsätta dig för betydande ekonomiska risker och potentiellt äventyra din pensionssäkerhet.

Den främsta fördelen med diversifiering är att det hjälper till att hantera risker. Olika typer av investeringar reagerar olika på marknadsförhållandena. Till exempel presterar aktier och obligationer ofta olika under samma ekonomiska förhållanden. Aktier kan ge hög avkastning under en blomstrande ekonomi men kan vara volatila under nedgångar. Omvänt är obligationer i allmänhet mer stabila men kan ge lägre avkastning. Genom att ha en blandning av tillgångstyper kan du minska sannolikheten för att ett dåligt resultat inom ett område kommer att allvarligt påverka din totala portfölj.

Ett vanligt misstag som många investerare gör är att koncentrera sina investeringar till en enda tillgångsklass eller ett litet antal enskilda aktier. Till exempel investerar en del människor mycket i sin arbetsgivares aktier eller i en enskild bransch som de tror kommer att prestera bra. Även om detta tillvägagångssätt ibland kan ge hög avkastning, medför det också betydande risker. Om företaget eller sektorn upplever en nedgång kan påverkan på din portfölj bli allvarlig, vilket potentiellt undergräver din finansiella stabilitet när du går i pension.

En annan fallgrop med att misslyckas med att diversifiera är det överdrivna beroendet av en enda investeringsstrategi. Till exempel kan vissa investerare gynna tillväxtaktier och tro att de kommer att ge den högsta avkastningen. Även om tillväxtaktier verkligen kan ge betydande avkastning, kan de också vara mycket volatila. En väldiversifierad portfölj innehåller en blandning av tillgångstyper, såsom tillväxtaktier, utdelningsaktier, obligationer och alternativa investeringar, vilket hjälper till att balansera potentiell avkastning med risk.

Fastigheter är ett annat viktigt område att tänka på vid diversifiering. Medan många investerare enbart fokuserar på aktier och obligationer, kan fastigheter ge ytterligare inkomstströmmar och potentiella skattefördelar. Att investera i fastigheter eller fastighetsinvesteringsfonder (REIT) kan erbjuda en annan risk-avkastningsprofil jämfört med traditionella investeringar. Att investera kraftigt i fastigheter utan att ta hänsyn till andra tillgångsslag kan dock utsätta dig för sektorspecifika risker, såsom fluktuationer i fastighetsvärden eller hyresintäkter.

Diversifiering innebär också geografisk diversifiering. Att enbart investera i inhemska tillgångar innebär att du är exponerad för de ekonomiska förhållandena i ett land. Global diversifiering sprider risker över olika ekonomier och marknader, vilket kan vara särskilt värdefullt om ditt hemland upplever en ekonomisk nedgång. Internationella investeringar, inklusive tillväxtmarknader, kan erbjuda ytterligare tillväxtmöjligheter och hjälpa till att minska risken förknippad med investeringar i bara en region.

Ett relaterat koncept är tillgångsallokering, vilket innebär att fördela dina investeringar över olika tillgångsklasser baserat på din risktolerans, investeringsmål och tidshorisont. Korrekt tillgångsallokering säkerställer att din portfölj är i linje med dina finansiella mål och kan motstå marknadsfluktuationer. När du närmar dig pensionen är det avgörande att justera din tillgångsallokering för att minska risken samtidigt som du strävar efter tillväxt. Till exempel kan du gradvis växla från en högre allokering i aktier till en högre allokering i obligationer och andra mindre volatila tillgångar.

En annan viktig aspekt av diversifiering är att regelbundet balansera om din portfölj. Med tiden kommer olika investeringar att växa i olika takt, vilket får din portfölj att glida från sin ursprungliga tillgångsallokering. Till exempel, om aktier presterar exceptionellt bra, kan de komma att dominera din portfölj, vilket ökar din exponering för aktiemarknadsrisk. Ombalansering innebär att justera dina investeringar för att återgå till din önskade allokering, vilket säkerställer att din risknivå förblir i linje med dina pensionsmål.

Att misslyckas med att diversifiera innebär också att man går miste om de potentiella fördelarna med olika typer av investeringar. Till exempel, medan aktier erbjuder tillväxtpotential, ger obligationer en stabil inkomst och stabilitet. Diversifiering hjälper dig att fånga fördelarna med varje tillgångsklass samtidigt som de minskar deras individuella risker. Dessutom kan diversifiering inom tillgångsklasser, som att äga en mängd olika aktier inom olika branscher och sektorer, ytterligare förbättra riskhanteringen.

Konsekvenserna av bristande diversifiering kan bli allvarliga. Under perioder av marknadsvolatilitet kan en icke-diversifierad portfölj uppleva större förluster än en väldiversifierad. Detta kan vara särskilt problematiskt om du närmar dig pensionen och inte har tid att återhämta dig från betydande förluster. Genom att sprida dina investeringar över olika tillgångsklasser och sektorer kan du bättre väderhänta marknadsfluktuationer och minska sannolikheten för betydande förluster som påverkar dina pensionsplaner.

För att undvika fallgroparna med otillräcklig diversifiering, överväg att rådgöra med en finansiell rådgivare som kan hjälpa till att utforma en diversifierad investeringsstrategi som är skräddarsydd för dina specifika behov och mål. En rådgivare kan bedöma din nuvarande portfölj, rekommendera justeringar och hjälpa dig att hålla koll på din investeringsplan. Dessutom kan de ge vägledning om tillgångsallokering, riskhantering och ombalanseringsstrategier.

Sammanfattningsvis är att misslyckas med att diversifiera investeringarna ett vanligt och potentiellt kostsamt misstag i pensionsplaneringen. Diversifiering hjälper till att hantera risker, förbättra potentiell avkastning och förbättra finansiell stabilitet. Genom att sprida dina investeringar över olika tillgångsklasser, sektorer och geografiska regioner kan du bygga en mer motståndskraftig portfölj som bättre tål marknadsfluktuationer och stödjer dina långsiktiga pensionsmål. Att regelbundet se över och justera din investeringsstrategi, tillsammans med att söka professionell rådgivning, kan ytterligare säkerställa att ditt pensionssparande förblir på rätt spår och är tillräckligt skyddat.

Ignorera inflationen

En av de viktigaste utmaningarna i pensionsplaneringen är att ta hänsyn till inflationen. Inflation avser den gradvisa ökningen av kostnaderna för varor och tjänster över tid, vilket urholkar pengars köpkraft. När man planerar för pensionering förbiser många individer effekten av inflation, vilket kan leda till en underskattning av de medel som behövs för att upprätthålla en önskad levnadsstandard under hela pensioneringen.

Inflationen underskattas ofta eftersom dess effekter inte alltid är omedelbart uppenbara. Till exempel kan en liten, stegvis ökning av priserna varje år verka obetydlig på kort sikt, men under flera decennier kan det avsevärt minska värdet på dina besparingar. Om du inte tar hänsyn till inflationen i din pensionsplanering riskerar du att upptäcka att ditt sparande, som verkade tillräckligt när du gick i pension, inte längre är tillräckligt för att täcka dina levnadskostnader.

Ett av de mest enkla exemplen på inflationens inverkan är kostnaden för vardagliga föremål. Tänk på hur priset på matvaror, sjukvård eller elräkningar har förändrats under åren. Till exempel kan en limpa som kostade några dollar för ett decennium sedan nu kosta dubbelt så mycket. På samma sätt har sjukvårdskostnaderna stigit i en takt som ofta överträffar den allmänna inflationen. När du åldras kan du behöva fler medicinska tjänster, och om inflationen inte tas med i din planering kan du bli överraskad av stigande sjukvårdskostnader.

En annan kritisk aspekt av inflationen är dess effekt på ränteplaceringar. Många pensionärer är beroende av ränteinvesteringar, såsom obligationer eller livräntor, för att ge en stadig inkomstström. Dessa inkomstkällors fasta karaktär gör dock att de inte justerar för inflationen. Med tiden minskar det verkliga värdet av de inkomster de ger, vilket gör det svårare att täcka ökande utgifter. Om du till exempel får en fast månadsbetalning från en livränta, kommer köpkraften att minska när priserna stiger, vilket minskar din förmåga att behålla din livsstil.

Inflationen kan också påverka värdet på pensionssparkonton, såsom pensioner eller andra förmånsbestämda planer. Dessa planer kan erbjuda en fast månatlig utbetalning, som med tiden kanske inte håller jämna steg med inflationen. Utan justeringar för inflationen kan pensionärer uppleva en gradvis nedgång i sin levnadsstandard när kostnaderna för varor och tjänster ökar.

För att mildra effekterna av inflation är det viktigt att införliva det i din pensionsplanering. Ett tillvägagångssätt är att använda inflationsjusterad avkastning när du uppskattar det framtida värdet på ditt sparande. Till exempel, om du förväntar dig en genomsnittlig årlig inflation på 2 %, bör du överväga detta när du beräknar hur mycket du kommer att behöva spara och hur dina investeringar kommer att prestera över tiden. Att justera dina mål för pensionssparandet för att ta hänsyn till inflationen säkerställer att dina fonder bibehåller sin köpkraft under hela din pensionering.

Att investera i tillgångar som historiskt sett överträffar inflationen kan också hjälpa till att skydda mot dess effekter. Aktier har till exempel generellt gett avkastning som överstiger inflationen på lång sikt. Även om aktier kan vara volatila, erbjuder de tillväxtpotential som kan hjälpa till att kompensera effekterna av stigande priser. Fastigheter är ett annat tillgångsslag som kan fungera som en säkring mot inflation, eftersom fastighetsvärden och hyresintäkter ofta ökar med inflationen.

En annan strategi är att överväga investeringar med inbyggt inflationsskydd. Till exempel är vissa statsobligationer utformade för att ge avkastning som justerar för inflationen, till exempel realobligationer. Dessa obligationer ger regelbundna räntebetalningar som ökar med inflationen, vilket hjälper till att bevara köpkraften för din inkomst.

Det är också klokt att regelbundet se över och justera din pensionsplan för att ta hänsyn till förändringar i inflationstakten.

Ekonomiska förhållanden och inflationstakt kan fluktuera, så att hålla dig informerad och justera din investeringsstrategi efter behov kan hjälpa dig att bättre hantera inflationsrisken. Att regelbundet omvärdera din budget, utgifter och investeringsresultat säkerställer att din pensionsplan förblir på rätt spår för att nå dina långsiktiga mål.

För dem som är oroade över inflationens inverkan på deras pensionssparande kan det vara fördelaktigt att konsultera en finansiell rådgivare. En professionell kan hjälpa dig att utveckla en strategi som tar hänsyn till inflationen, optimera din investeringsportfölj och se till att dina besparingar är korrekt anpassade till dina pensionsmål. Rådgivare kan också ge vägledning om inflationsskyddade investeringar och andra finansiella produkter som kan hjälpa till att minska inflationsrisken.

Sammanfattningsvis är att ignorera inflationen ett kritiskt misstag i pensionsplaneringen som kan leda till betydande ekonomiska utmaningar. Eftersom inflation urholkar pengars köpkraft över tid, är det viktigt att införliva det i din pensionsstrategi. Genom att ta hänsyn till inflationen, investera i tillväxtorienterade tillgångar, överväga inflationsskyddade investeringar och regelbundet se över din plan, kan du bättre skydda ditt pensionssparande och se till att de håller under dina pensionsår.

Överberoende på social trygghet

Många människor gör det kritiska misstaget att förlita sig överdrivet på sitt lands sociala trygghetssystem eller statliga pensioner som den primära källan till pensionsinkomst. Även om dessa statligt tillhandahållna förmåner kan erbjuda en grund för ekonomiskt stöd vid pensionering, är de vanligtvis inte tillräckliga för att täcka alla utgifter som är förknippade med att upprätthålla en bekväm livsstil. Enbart beroende av social trygghet kan pensionärer bli utsatta för ekonomiska svårigheter, särskilt när levnadskostnaderna fortsätter att stiga och den förväntade livslängden ökar.

En av de största problemen med att förlita sig för mycket på social trygghet är att de månatliga betalningarna ofta är blygsamma, särskilt jämfört med levnadskostnaderna i många regioner. Dessa betalningar är i allmänhet utformade för att ge ett skyddsnät, inte för att helt ersätta din arbetsinkomst. I många länder täcker socialförsäkringsförmånerna endast en bråkdel av en individs förtidspensionering, ofta mellan 30 % och 50 %. För många människor är detta otillräckligt för att behålla samma livskvalitet som de åtnjöt när de arbetade.

Dessutom är socialförsäkringssystemen i olika länder utsatta för pågående ekonomiska påfrestningar på grund av demografiska förändringar. Med en åldrande befolkning och färre arbetstagare som bidrar till systemet i förhållande till antalet pensionärer, står många regeringar inför utmaningar när det gäller att upprätthålla sina sociala trygghetsprogram. Denna påfrestning har lett till reformer, som att höja pensionsåldern, minska förmånerna eller ändra behörighetskriterierna. Att enbart förlita sig på dessa förmåner gör därför att pensionärer riskerar att få mindre ekonomiskt stöd än vad de ursprungligen hade planerat för.

Inflationen komplicerar situationen ytterligare. Även om socialförsäkringsförmånerna i vissa länder är inflationsjusterade, kanske dessa justeringar inte helt hänger med den faktiska ökningen av levnadskostnaderna, särskilt inom områden som sjukvård och bostäder. Med tiden kan det verkliga värdet av sociala avgifter urholkas, vilket minskar köpkraften. Som ett resultat kan pensionärer som är för mycket beroende av dessa betalningar få det allt svårare att täcka grundläggande utgifter som hyra, allmännyttiga tjänster, sjukvård och mat.

Sjukvård är en av de största utgifterna som pensionärer står inför, och enbart social trygghet räcker ofta inte för att täcka stigande medicinska kostnader. Medan många länder erbjuder någon form av nationell sjukvård, behöver pensionärer ofta kompletterande försäkringar eller extra besparingar för att täcka tjänster som inte till fullo tillhandahålls av offentlig sjukvård. Dessa kostnader kan vara betydande, särskilt när individer åldras och kräver mer frekvent läkarvård. Utan tillräckliga besparingar eller ytterligare inkomstkällor kan pensionärer som i hög grad förlitar sig på social trygghet kämpa för att ha råd med den hälsovård de behöver.

Dessutom ger socialförsäkringssystemen i allmänhet grundläggande boendestöd, men de tar inte hänsyn till livsstils- eller fritidskostnader. Pensionering är tänkt att vara en tid då du kan njuta av frukterna av ditt arbete, oavsett om det är att resa, utöva hobbyer eller umgås med familj och vänner. Att enbart förlita sig på social trygghet innebär att du kan behöva minska dessa aktiviteter avsevärt, vilket kan påverka din livskvalitet. För dem som tänker sig en aktiv pensionering är det viktigt att ha ytterligare inkomstströmmar, såsom investeringar, personligt sparande eller pensioner, för att komplettera vad socialförsäkringen ger.

En viktig faktor är möjligheten till lång livslängd. Människor lever längre än någonsin, och även om det är goda nyheter för att njuta av en längre pension, betyder det också att dina pengar måste räcka längre. Överberoende av social trygghet kan innebära att pensionärer riskerar att överleva sina ekonomiska resurser. Eftersom betalningarna ofta inte räcker till för att täcka långsiktiga behov, kan pensionärer utan tillräckligt sparande få ekonomiska svårigheter senare i livet när de inte kan anpassa sina utgifter eller återgå till arbete.

För att undvika fallgroparna med att förlita sig för mycket på social trygghet är det viktigt att ha en diversifierad pensionsplan. Detta kan inkludera arbetsgivarsponsrade pensionssystem, personligt sparande, investeringar och andra inkomstgenererande tillgångar. Att bygga flera inkomstströmmar säkerställer att du inte är helt beroende av någon enskild finansieringskälla, vilket gör din ekonomiska framtid säkrare.

Börja med att bedöma hur mycket socialförsäkringen kommer att ge och jämför det med dina förväntade pensionskostnader. Denna jämförelse kan hjälpa dig att avgöra hur mycket ytterligare besparingar eller inkomst du behöver för att behålla din önskade livsstil. Finansiella planerare rekommenderar ofta att du siktar på att ersätta minst 70 % till 80 % av din inkomst före pensionering för att täcka utgifterna vid pensionering bekvämt. Eftersom enbart socialförsäkringen vanligtvis täcker en mycket mindre andel av det beloppet, måste du täcka skillnaden genom andra källor.

Att investera klokt under dina yrkesverksamma år kan bidra till att du har tillräckligt med sparande för pensionen. Överväg att bidra till pensionskonton, fonder eller andra långsiktiga investeringsinstrument som erbjuder tillväxtpotential. Dessa tillgångar kan hjälpa dig att bygga ett boägg som kompletterar dina sociala förmåner, vilket ger mer ekonomisk trygghet när du åldras.

Ett annat sätt att minska alltför beroende av social trygghet är att fördröja att ta ut dina förmåner, om möjligt. I många länder kan en försening av socialförsäkringsutbetalningarna efter den officiella pensionsåldern leda till högre månatliga utbetalningar. Även om detta kanske inte är genomförbart för alla, särskilt de med hälsoproblem eller begränsade besparingar, kan det vara en smart strategi för dem som har råd att vänta.

I vissa fall kan arbeta deltid i pension hjälpa till att överbrygga klyftan mellan sociala förmåner och dina ekonomiska behov. Många pensionärer väljer att ta ett flexibelt eller deltidsarbete för att hålla sig aktiva och komplettera sin inkomst. Denna strategi ger inte bara ekonomiska fördelar utan kan också lägga till struktur och syfte till dina pensionsår.

Slutligen är det avgörande att hålla sig à jour med förändringar i socialförsäkringspolicyer och regler. Regeringar gör regelbundet justeringar av dessa program, vilket kan påverka när och hur mycket du kan få. Genom att hålla dig informerad kan du anpassa dina pensionsplaner därefter och undvika att bli överraskad av oväntade förändringar.

Sammanfattningsvis, även om social trygghet kan vara en värdefull del av din pensionsinkomst, är det ett misstag att förlita sig för mycket på det som kan leda till ekonomiska utmaningar. Socialförsäkringen är avsedd att komplettera, inte ersätta, din inkomst, och den räcker ofta inte till för att täcka alla dina utgifter i pension. Genom att diversifiera dina inkomstströmmar, planera för inflation och spara under dina arbetsår kan du skapa en säkrare ekonomisk grund och njuta av en bekvämare och mer tillfredsställande pension.

Planerar inte för sjukvårdskostnader

Ett av de vanligaste och mest kritiska misstagen människor gör när de förbereder sig för pensionering är att underskatta eller inte planera för sjukvårdskostnader. Sjukvård är en av de största utgifterna som pensionärer står inför, och att inte förbereda sig tillräckligt kan leda till ekonomiska påfrestningar under vad som borde vara en bekväm och stressfri fas i livet. Till skillnad från många andra pensionskostnader är sjukvårdskostnaderna inte bara oundvikliga utan tenderar också att stiga avsevärt med åldern.

När människor blir äldre ökar deras behov av sjukvård i allmänhet. Sannolikheten för att behöva oftare läkarbesök, mediciner, behandlingar och eventuellt långtidsvård ökar ju längre tiden går. Många pensionärer är förvånade över hur mycket av deras budget som konsumeras av sjukvården, särskilt när de når en ålder där hälsoproblem blir vanligare. Medan vissa länder tillhandahåller grundläggande eller subventionerad sjukvård, kan de faktiska kostnaderna fortfarande vara betydande, och dessa ökar ofta när komplexiteten och frekvensen av sjukvårdsbehoven ökar.

Till att börja med kan kostnaden för regelbundna läkarbesök och mediciner bli en stor ekonomisk börda om de inte redovisas ordentligt. Med åren har rutinkontroller, specialistbesök och hantering av kroniska tillstånd blivit vanligare. Receptbelagda läkemedel kan vara särskilt dyra, särskilt för dem som behöver långtidsmedicinering för tillstånd som diabetes, högt blodtryck eller artrit. Utan ordentlig ekonomisk planering kan dessa kostnader snabbt tära på pensionssparande.

Utöver rutinsjukvård kan pensionärer behöva ta hänsyn till mer betydande sjukvårdskostnader, såsom operationer, rehabilitering och andra stora medicinska behandlingar. Med åldern kommer en ökad risk för allvarliga hälsoproblem som hjärtsjukdomar, stroke, cancer eller rörlighetsproblem, som alla kan kräva kostsamma medicinska insatser.

Dessa oväntade medicinska utgifter kan vara ekonomiskt förödande om du inte har resurserna avsatta för att täcka dem.

Ett område som ofta försummas i pensionsplaneringen är det potentiella behovet av långtidsvård. När den förväntade livslängden ökar, lever fler pensionärer långt upp i 80-årsåldern och senare, och med hög ålder kommer en högre sannolikhet att behöva hjälp med dagliga aktiviteter som att bada, klä på sig, äta och röra på sig. Denna vård kan tillhandahållas i hemmet av en vårdgivare eller på ett boende, men båda alternativen kan vara kostsamma. Långtidsvård är ofta nödvändig i flera år, särskilt vid kognitiv försämring, såsom demens eller Alzheimers sjukdom. Utgifterna i samband med långtidsvård är betydande och kan snabbt tömma pensionssparande om de inte tas med i din pensionsplan.

Många pensionärer står också inför ökade kostnader för tandvård, syn och hörselvård. Dessa områden inom hälso- och sjukvården förbises ofta i pensionsplaneringen, men de kan öka med tiden. När människor åldras blir tandproblem som tandköttssjukdomar, tandlossning och behovet av tandproteser vanligare. På liknande sätt kräver synproblem, såsom grå starr eller glaukom, och hörselnedsättning ofta pågående behandlingar, korrigerande operationer eller användning av apparater som glasögon, kontaktlinser eller hörapparater. Dessa kostnader kan vara betydande, särskilt eftersom de tenderar att öka när du åldras.

Att planera för sjukvård i pension innebär att man uppskattar dessa kostnader så noggrant som möjligt och avsätter tillräckliga besparingar för att täcka dem. Det är också avgörande att börja planera tidigt. Många väntar tills de närmar sig pensionsåldern med att börja tänka på sjukvårdskostnader, men ju tidigare du börjar desto mer förberedd är du på att hantera dessa kostnader.

En effektiv strategi för att hantera sjukvårdskostnader är att skapa en dedikerad vårdfond inom ditt totala pensionssparande. Denna fond bör särskilt öronmärkas för medicinska utgifter, inklusive både rutinvård och oväntade vårdbehov. Genom att bygga denna fond över tid kan du fördela den ekonomiska bördan och säkerställer att du inte överraskas av höga medicinska räkningar när du går i pension. Vissa ekonomiska planerare rekommenderar att du avsätter en del av ditt pensionssparande specifikt för sjukvårdskostnader för att säkerställa att du kan täcka de ökade utgifterna som följer med åldrandet.

En annan viktig aspekt av vårdplanering är att leva en hälsosam livsstil före och under pensioneringen. Även om vissa sjukvårdskostnader är oundvikliga, kan många mildras genom livsstilsval. Att upprätthålla en hälsosam kost, träna regelbundet och undvika skadliga vanor som rökning kan bidra till att minska risken för kroniska sjukdomar som ofta leder till högre medicinska kostnader senare i livet. Regelbunden förebyggande vård är också viktig, eftersom det kan hjälpa till att upptäcka hälsoproblem tidigt, när de är lättare och billigare att behandla.

Tänk också på din bostadssituation och hur den kan påverka dina vårdbehov när du går i pension. Många pensionärer väljer att minska eller flytta till samhällen som erbjuder enklare tillgång till medicinska faciliteter och tjänster. Vissa väljer att bo i pensionärssamhällen där hälso- och sjukvårdstjänster är mer lättillgängliga eller där de kan få hjälp när de åldras. Även om flytt kan innebära förskottskostnader, kan det i slutändan spara pengar och minska stress genom att se till att du har snabb och pålitlig tillgång till de hälsovårdstjänster du kommer att behöva när du åldras.

Sammanfattningsvis är att inte planera för sjukvårdskostnader en betydande förbiseende som allvarligt kan påverka din ekonomiska stabilitet vid pensionering. Sjukvårdskostnader tenderar att stiga med åldern och att inte ta hänsyn till dem kan leda till ekonomiska svårigheter och begränsa din förmåga att njuta av dina pensionsår. För att undvika detta misstag är det viktigt att uppskatta framtida sjukvårdskostnader, bygga en dedikerad sparfond för medicinska utgifter och överväga livsstils- och boendeval som kan hjälpa till att mildra framtida hälsoproblem. Genom att vidta dessa steg kan du bättre skydda dig mot de ekonomiska risker som är förknippade med sjukvård och säkerställa att du har de resurser du behöver för att njuta av en sund och säker pension.

Att försumma skattekonsekvenser

En av de mest förbisedda aspekterna av pensionsplanering är att förstå och redogöra för skattekonsekvenserna av din pensionsinkomst. Många antar att pensionering automatiskt innebär ett lägre skattetryck, men så är det inte alltid. Att försumma att planera för skatter kan leda till oväntade ekonomiska svårigheter, minskad inkomst och en försämrad levnadsstandard vid pensionering. Även om skattereglerna skiljer sig från land till land, gäller principen att hantera och förbereda skatter universellt.

I de flesta länder är olika källor till pensionsinkomst – såsom pensioner, sparande, investeringar och uttag från pensionskonton – föremål för beskattning. Att inte redovisa dessa skatter kan resultera i att pensionärer får betydligt mindre inkomster än de förväntade sig. Utan noggrann planering kan du möta högre skatter som urholkar ditt pensionssparande, vilket påverkar din förmåga att täcka levnadskostnader, sjukvårdskostnader och njuta av din pension.

En av de viktigaste skattefrågorna vid pensionering är beskattningen av pensionsförmåner. I många länder är pensioner som tillhandahålls av staten eller arbetsgivaren föremål för inkomstskatt, och hur mycket skatt du är skyldig kan bero på din totala inkomst under pensioneringen. Om du har flera inkomstkällor, såsom hyresfastigheter eller investeringsutdelningar, kan din totala skatteskuld bli högre än förväntat. För pensionärer som är vana vid att deras pension ger en betydande del av deras pensionsinkomst kan det vara ett oförskämt uppvaknande att upptäcka att en stor del av den är skattepliktig.

Investeringsintäkter är ett annat område där pensionärer ofta försummar att ta hänsyn till skattekonsekvenser. Utdelningar, kapitalvinster och räntor på investeringar beskattas ofta, och satserna kan variera beroende på ditt lands skattelagar och typen av investering. Om du har investerat i aktier, obligationer, fonder eller fastigheter är det viktigt att förstå hur din avkastning kommer att beskattas. Vissa investeringar, som aktier som ger utdelning, kan erbjuda fördelaktiga skattesatser, medan andra kan beskattas med högre skattesatser, vilket kan tära på din totala avkastning.

Uttag från pensionssparkonton eller privata pensioner har också skattekonsekvenser. I många länder görs bidrag till vissa pensionskonton med inkomst före skatt, vilket innebär att du skjuter upp med att betala skatt på dessa medel tills du tar ut dem i pension. Även om detta ger skattefördelar under dina arbetsår, betyder det att uttag från dessa konton kommer att bli föremål för inkomstskatt vid pensionering. Ju mer du tar ut ett visst år, desto högre kan din skatteskuld bli, särskilt om det pressar dig in i en högre skatteklass.

En annan skattefälla som pensionärer ofta hamnar i är att inte hantera tidpunkten för sina uttag på rätt sätt. I många fall tar pensionärer ut stora summor tidigt i pensionen för att täcka stora utgifter, såsom renovering av hem, sjukvårdsräkningar eller resor. Stora uttag kan avsevärt öka din skattepliktiga inkomst för det året, vilket leder till en högre skattekostnad än om du hade spridit ut dessa uttag över flera år. Detta problem förvärras om du får flera inkomstkällor, som pension, investeringsavkastning och hyresintäkter, som alla kan beskattas med olika skattesatser.

En viktig strategi för att mildra skattebördan är att diversifiera dina pensionsinkomstkällor. Till exempel kan en blandning av skattepliktiga och icke-skattepliktiga inkomstkällor bidra till att minska din totala skatteskuld. Vissa länder erbjuder skattefria konton för pensionärer, där investeringar eller sparande kan växa skattefritt och uttag inte beskattas. Att använda dessa typer av konton tillsammans med andra skattepliktiga inkomstströmmar kan hjälpa dig att hantera din skatteexponering och säkerställa att du behåller mer av din pensionsinkomst.

Pensionärer kan också dra nytta av skatteeffektiva uttagsstrategier. I vissa fall kan det vara fördelaktigt att först ta ut konton som beskattas med lägre skattesats, vilket gör att skatteuppskjutna konton kan fortsätta växa. Genom att sprida ut uttag och vara uppmärksam på skatteklasser kan pensionärer minimera sin skattebörda samtidigt som de säkerställer att deras inkomstbehov tillgodoses.

Kapitalvinstskatter är en annan viktig aspekt att överväga. Om du äger investeringar som aktier, fastigheter eller andra tillgångar kan en försäljning av dem under pensioneringen resultera i kapitalvinstskatt. Många pensionärer tar inte hänsyn till detta när de planerar sin ekonomi, förutsatt att deras investeringsavkastning är skattefri. Att förstå hur kapitalvinstskatter fungerar, inklusive skillnaden mellan kortsiktiga och långsiktiga kapitalvinster, kan hjälpa dig att bättre planera när och hur du ska sälja tillgångar för att minimera din skatteskuld.

Om du planerar att flytta i pension, antingen inom ditt land eller till ett annat land, måste du överväga skattekonsekvenserna av denna flytt. Vissa regioner eller länder har olika skatteregler för pensionärer, vilket antingen kan öka eller minska din skattebörda beroende på var du flyttar. Till exempel erbjuder vissa länder förmånliga skattesatser för utländska pensionärer eller lägre skattesatser på vissa typer av inkomster. Det är viktigt att undersöka skattereglerna för alla potentiella pensionsdestinationer för att undvika oväntade skatteräkningar efter att du flyttat.

För pensionärer som äger fastigheter kan hyresintäkter utgöra en värdefull inkomstkälla under pensioneringen. Men många människor misslyckas med att inse att hyresintäkter ofta är skattepliktiga och kan avsevärt öka deras årliga skatteräkning. Dessutom kan försäljning av hyresfastigheter resultera i kapitalvinstskatter, vilket ytterligare kan komplicera din skattesituation. Rätt planering för skattekonsekvenserna av att äga och sälja fastigheter kan hjälpa dig att undvika ekonomiska överraskningar senare i pensioneringen.

Arvs- och fastighetsskatter är också viktiga att överväga, särskilt om du planerar att överföra förmögenhet till din familj. Vissa länder lägger skatter på tillgångar som lämnas till arvingar, vilket avsevärt kan minska det belopp som dina förmånstagare får. Att inte planera för dessa skatter kan leda till oavsiktliga ekonomiska konsekvenser för dina nära och kära. Genom att införliva fastighetsplanering i din pensionsstrategi kan du säkerställa att dina tillgångar fördelas enligt dina önskemål och att skatterna minimeras där det är möjligt.

Sammanfattningsvis är att försumma skattekonsekvenserna ett vanligt och kostsamt misstag vid pensionsplanering. Pensionsinkomster är föremål för olika skatter, inklusive inkomstskatt på pensioner, uttag från sparkonton, avkastning på investeringar och kapitalvinster. Att förstå och planera för dessa skatter är avgörande för att bevara ditt pensionssparande och upprätthålla en bekväm livsstil. Strategier som diversifiering av inkomstkällor, tidpunkt för uttag och utnyttjande av skattefördelaktiga konton kan hjälpa till att minska din skattebörda och skydda ditt ekonomiska välbefinnande under hela pensioneringen.

Undersparande till pension

Ett av de största misstagen människor gör när de planerar för pensionering är att inte spara tillräckligt för att upprätthålla den livsstil de önskar under sina senare år. Undersparande till pension kan leda till ekonomiska problem, vilket tvingar pensionärer att kompromissa med sin levnadsstandard, arbeta längre än de hade planerat eller till och med lita på familjen för ekonomiskt stöd. Konsekvenserna av undersparande är långtgående, och detta misstag kan ofta vara svårt att rätta till, särskilt om man inser det för sent i karriären.

Den främsta anledningen till att många människor undersparar till pension är att de underskattar hur mycket de kommer att behöva för att behålla sin livsstil när de går i pension. Det finns ofta en missuppfattning att utgifterna kommer att minska drastiskt när du slutar arbeta. Även om det är sant att vissa kostnader, såsom pendling eller arbetsrelaterade utgifter, kan minska, förblir många andra utgifter desamma eller till och med ökar. Till exempel stiger sjukvårdskostnaderna vanligtvis med åldern, fritidsaktiviteter kan bli vanligare och inflationen urholkar köpkraften med tiden. Utan noggrann planering kan dessa kostnader snabbt förbruka en pensionärs besparingar, särskilt om de inte har sparat tillräckligt.

En av anledningarna till denna missräkning är att människor ofta fokuserar på det korta, prioriterar omedelbara ekonomiska behov och önskemål framför långsiktigt sparande. Det är lätt att falla i fällan att tro att pensionen är långt borta och att det finns gott om tid att komma ikapp senare. Den här typen av tänkande leder dock till en försening av sparandet, och ju längre du väntar med att börja, desto svårare blir det att samla på sig de nödvändiga medlen. Sammansatt ränta fungerar mest effektivt när det ges tid att växa, och att skjuta upp pensionssparandet innebär att man går miste om fördelarna med att kompoundera över åren.

En annan faktor som bidrar till undersparande är bristande medvetenhet om hur länge pensioneringen kan pågå. Med den förväntade livslängden på många håll i världen lever människor längre än någonsin tidigare. Även om detta utan tvekan är positivt, betyder det också att pensionssparandet behöver sträcka sig längre än vad många tror. Det är inte ovanligt att individer spenderar 20, 30 eller till och med 40 år i pension, och att inte ta hänsyn till detta kan leda till att man överlever sina besparingar. Utan ett tillräckligt boägg kan pensionärer komma att stå inför ekonomiska svårigheter under sina senare år, när de som minst kan återgå till arbetet eller göra betydande livsstilsanpassningar.

Utöver längre förväntad livslängd spelar inflationen en betydande roll för att urholka värdet av sparandet över tid. Även måttlig inflation kan avsevärt minska din köpkraft när du går i pension. Till exempel kan kostnaden för vardagliga föremål, såsom mat, bostäder och verktyg, öka med åren, medan värdet på dina besparingar förblir detsamma. Om du inte har sparat tillräckligt för att ta hänsyn till inflationen kan du få allt svårare att täcka de grundläggande levnadskostnaderna med åren.

Många människor misslyckas också med att korrekt redogöra för den livsstil de vill ha i pension. Pensionering ses ofta som en tid för avkoppling och njutning, med friheten att ägna sig åt hobbyer, resa och umgås med nära och kära. Dessa aktiviteter kräver dock pengar, och utan ordentliga besparingar kan pensionärer behöva dra ner på sina planer. Det är viktigt att vara realistisk om vilken typ av pensionslivsstil du vill ha och att spara därefter. Oavsett om du planerar att resa mycket, flytta eller ägna dig åt nya hobbyer, kommer dessa aktiviteter med kostnader som måste tas med i din pensionssparplan.

Ett av de mest effektiva sätten att undvika undersparande till pensionen är att börja spara tidigt och konsekvent. Ju tidigare du börjar spara, desto mer tid har dina investeringar att växa. Även små bidrag som görs tidigt i din karriär kan ackumuleras till en betydande pensionsfond med tiden. Att utveckla vanan att spara regelbundet säkerställer dessutom att du konsekvent arbetar mot dina ekonomiska mål, snarare än att förlita dig på sista minuten-ansträngningar för att komma ikapp.

För dem som har börjat spara senare i livet är inte allt förlorat, men det kommer att krävas mer aggressiva spar- och investeringsstrategier för att ta igen förlorad tid. Att öka din sparränta och minska onödiga utgifter under åren fram till pensionen kan hjälpa dig att stärka din pensionsfond. Dessutom kan investeringar i tillgångar som ger högre avkastning, samtidigt som man förstår de förknippade riskerna, hjälpa till att minska sparandet. Det är dock viktigt att balansera investeringar med högre risk med mer stabila alternativ för att säkerställa att dina besparingar är skyddade när du närmar dig pension.

En annan viktig aspekt för att undvika undersparande är att regelbundet omvärdera dina pensionsmål och sparframsteg. Livsförhållandena förändras och det är viktigt att anpassa din sparplan därefter. Om du till exempel får en löneökning, ärver pengar eller betalar av stora skulder, överväg att styra en del av den extra inkomsten mot ditt pensionssparande. Att regelbundet se över din sparplan kan hjälpa dig att se till att du är på rätt spår och tillåta dig att göra justeringar innan det är för sent.

Det är också värt att söka professionell ekonomisk rådgivning när du planerar för pension. Många människor underskattar hur mycket de behöver spara eftersom de är osäkra på hur de ska beräkna sina pensionsbehov korrekt. En finansiell rådgivare kan hjälpa till att bedöma dina mål, inkomster, utgifter och andra faktorer för att skapa en realistisk pensionssparplan. De kan också ge råd om investeringsstrategier som är i linje med din risktolerans och långsiktiga mål, vilket säkerställer att ditt sparande växer i en lämplig takt.

Slutligen är det viktigt att erkänna att pensionsplanering inte bara handlar om att bygga sparande; det handlar också om att hantera dessa besparingar på ett klokt sätt. Även om du har sparat tillräckligt kan dålig ekonomisk förvaltning i pensionen leda till överutgifter eller olämpliga investeringar, vilket snabbt kan tömma dina pengar. En sund pensionsstrategi innebär inte bara att spara tillräckligt utan också att vara försiktig med uttag och investeringar när du går i pension.

Sammanfattningsvis är undersparande till pension ett vanligt och potentiellt förödande misstag. Många människor underskattar hur mycket de kommer att behöva för att upprätthålla sin önskade livsstil, tar inte hänsyn till inflationen och förbiser effekterna av längre förväntad livslängd. Nyckeln till att undvika denna fallgrop är att börja spara tidigt, spara konsekvent och regelbundet omvärdera dina ekonomiska mål. Genom att vidta dessa steg kan du säkerställa att du har de resurser du behöver för att njuta av en bekväm och ekonomiskt säker pension.

Misslyckas med att omvärdera pensionsplaner regelbundet

En av de mest kritiska men ofta förbisedda aspekterna av effektiv pensionsplanering är behovet av att regelbundet omvärdera och uppdatera din pensionsstrategi. Många individer sätter igång sina pensionsplaner baserat på sina nuvarande omständigheter och antaganden om framtiden, men misslyckas sedan med att se över och justera sina planer när livet förändras. Denna tillsyn kan leda till betydande ekonomiska utmaningar och potentiellt spåra ur dina pensionsmål.

Den främsta anledningen till att man inte kan omvärdera pensionsplaner är antagandet att när en plan väl har fastställts kräver den inga ytterligare justeringar. Även om det är sant att det är viktigt att ha en genomtänkt plan, är det lika viktigt att inse att livet är dynamiskt och ständigt förändras. Personliga omständigheter, ekonomiska förhållanden och finansiella marknader kan förändras oväntat, och en pensionsplan som inte är anpassad till dessa förändringar kan bli föråldrad eller otillräcklig.

Ett vanligt scenario som kräver omprövning är en förändring av personliga omständigheter. Livshändelser som äktenskap, skilsmässa, barns födelse eller en makes död kan avsevärt påverka din ekonomiska situation och pensionsplaner. Till exempel kan ett barns födelse öka ditt ekonomiska ansvar och ändra dina prioriteringar, vilket kräver justeringar av din pensionssparstrategi. På samma sätt kan en skilsmässa påverka dina ekonomiska resurser och nödvändiggöra en omvärdering av dina pensionsmål. Om du inte anpassar din plan som svar på dessa förändringar kan det leda till otillräckliga besparingar eller felaktiga mål.

En annan avgörande faktor att ta hänsyn till är förändringar i inkomst eller sysselsättning. Karriärframsteg, förlorade jobb eller förändringar i anställningsstatus kan påverka din förmåga att spara och investera för pensionering. Om du får en löneökning kan det vara en möjlighet att öka ditt pensionssparande. Omvänt kan en förlust av jobb eller minskad inkomst kräva att du justerar din sparstrategi för att säkerställa att du fortfarande kan uppfylla dina pensionsmål. Genom att regelbundet se över din pensionsplan kan du göra nödvändiga justeringar baserat på förändringar i din inkomst eller anställningsstatus.

Ekonomiska förhållanden och finansiella marknader spelar också en betydande roll i pensionsplaneringen. Fluktuationer i räntor, inflationstakt och investeringsavkastning kan påverka ditt pensionssparande och dina investeringar. Till exempel kan långa perioder med låga räntor påverka tillväxten av ditt sparande om du är starkt beroende av räntebärande konton. På samma sätt kan betydande marknadsnedgångar påverka värdet av dina investeringar, vilket potentiellt kräver en omvärdering av din investeringsstrategi och tillgångsallokering. Att regelbundet granska din plan hjälper dig att hålla dig informerad om dessa förändringar och göra justeringar för att skydda din ekonomiska framtid.

Inflation är en annan faktor som kan urholka din köpkraft över tid, vilket gör det viktigt att omvärdera din pensionsplan med jämna mellanrum. Även om dina initiala sparmål var tillräckliga kan inflation öka levnadskostnaderna och minska värdet på dina pengar. Genom att regelbundet se över din plan och justera dina sparmål för att ta hänsyn till inflationen kan du hjälpa till att säkerställa att din pensionsinkomst förblir tillräcklig för att täcka dina utgifter.

Sjukvårdskostnader är också en kritisk faktor som kan förändras över tid. När du åldras kommer dina vårdbehov och tillhörande utgifter sannolikt att öka. Om din pensionsplan inte tar hänsyn till stigande vårdkostnader eller förändringar i ditt hälsotillstånd, kan du vara oförberedd på att hantera dessa utgifter. Regelbunden omvärdering av din pensionsplan gör att du kan anpassa dina spar- och investeringsstrategier för att hantera förväntade sjukvårdskostnader och skydda ditt ekonomiska välbefinnande.

Skattelagar och regler kan också ändras, vilket påverkar din pensionsplanering. Justeringar i skattepolitiken eller förändringar i din skattesituation kan påverka ditt pensionssparande och uttag. Till exempel kan förändringar i skattesatser eller regler som påverkar pensionskonton påverka din strategi för att ta ut pengar eller hantera investeringar. Att hålla sig informerad om skatteändringar och införliva dem i din pensionsplan säkerställer att du fattar de mest skatteeffektiva besluten för ditt pensionssparande.

Dessutom kan ändringar i dina pensionsmål eller livsstilspreferenser kräva justeringar av din pensionsplan. När du närmar dig pensionen kan du omvärdera din önskade livsstil och aktiviteter, som att resa, flytta eller utöva nya hobbyer. Dessa förändringar kan påverka dina ekonomiska behov och kräver justeringar av din sparplan för att säkerställa att du kan uppnå den pensionslivsstil du föreställer dig.

För att effektivt omvärdera din pensionsplan är det viktigt att etablera en rutin för regelbundna granskningar. Detta kan vara på årsbasis eller närhelst betydande livshändelser eller ekonomiska förändringar inträffar. Under dessa granskningar, utvärdera din nuvarande ekonomiska situation, utvärdera framstegen mot dina pensionsmål och justera din strategi efter behov. Att samråda med en finansiell rådgivare kan ge värdefulla insikter och hjälpa dig att fatta välgrundade beslut om att justera din plan.

Sammanfattningsvis kan det leda till ekonomiska svårigheter och missade möjligheter att inte omvärdera dina pensionsplaner regelbundet. Livsförändringar, ekonomiska förhållanden, inflation, sjukvårdskostnader och skattelagar har alla potential att påverka din pensionsstrategi. Genom att regelbundet se över och uppdatera din pensionsplan kan du säkerställa att den förblir i linje med dina mål, anpassar sig till förändrade omständigheter och effektivt hanterar eventuella nya utmaningar. Detta proaktiva tillvägagångssätt hjälper dig att upprätthålla ekonomisk trygghet och uppnå en bekväm och tillfredsställande pension.

Ta ut besparingar för tidigt

Att ta ut pensionssparande för tidigt är ett kritiskt misstag som kan äventyra din långsiktiga ekonomiska trygghet och störa dina pensionsplaner. Detta fel uppstår ofta på grund av bristande förståelse för hur tidiga uttag påverkar din övergripande pensionsstrategi eller från omedelbar ekonomisk press som gör att tidig tillgång till medel verkar nödvändig. Konsekvenserna av sådana uttag kan dock bli långtgående och skadliga för dina pensionsmål.

En av de främsta riskerna med att ta ut sparande för tidigt är utarmningen av din pensionsfond. Pensionskonton och sparande är utformade för att ge ekonomisk trygghet under dina pensionsår, som kan sträcka sig över flera decennier. Att ta ut pengar före pensionsåldern kan avsevärt minska mängden pengar som är tillgängliga för dig senare i livet. Denna tidiga utarmning kan leda till ekonomiska svårigheter, särskilt om du stöter på oväntade utgifter eller står inför en längre pensionsperiod än väntat.

En annan viktig faktor är effekten av tidiga uttag på tillväxtpotentialen för dina besparingar. Pensionskonton gynnas ofta av sammansatt ränta, där räntan på din initiala investering genererar ytterligare ränta över tiden. Genom att ta ut pengar i förtid minskar du inte bara kapitalbeloppet som ger sammansatt ränta utan avstår också från framtida potentiell tillväxt. Denna förlorade tillväxt kan ha en kumulativ effekt, vilket innebär att ju tidigare du drar dig, desto mer förlorar du i potentiell inkomst på lång sikt. Denna minskning av tillväxtpotentialen kan avsevärt påverka din pensionsfonds förmåga att försörja dig under hela din pensionering.

Utöver att påverka ditt sparande kan tidiga uttag också ha negativa skatteeffekter. I många länder kan uttag av pengar från pensionskonton före en viss ålder eller utanför specifika villkor resultera i straffavgifter eller extra skatter. Dessa påföljder kan vara betydande och ytterligare minska mängden pengar du har tillgängliga för pension. Även om påföljder inte tillämpas, pressar tidiga uttag dig ofta in i en högre skatteklass, vilket leder till en större skatteskuld på de uttagna medlen. Att förstå skattekonsekvenserna av tidiga uttag och planera i enlighet därmed kan hjälpa till att undvika oväntade skattebördor.

Finansiell stress eller nödsituationer är ofta de främsta drivkrafterna bakom tidiga uttag. Även om det kan verka som en hållbar lösning för att få tillgång till dina besparingar i tider av ekonomiskt behov, kan detta tillvägagångssätt undergräva din långsiktiga pensionssäkerhet. Innan du tar ut ditt pensionssparande är det viktigt att utforska andra alternativ, såsom akutfonder, försäkringsskydd eller alternativa inkomstkällor. Genom att ta itu med ekonomiska utmaningar på dessa sätt kan du bevara ditt pensionssparande och behålla dina långsiktiga ekonomiska mål.

En annan faktor är effekten av tidiga uttag på din pensionslivsstil. När du tar ut pengar i förtid kan du behöva anpassa dina pensionsplaner för att tillgodose det minskade sparandet. Detta kan innebära att skjuta upp pensioneringen, skära ner på önskade utgifter eller aktiviteter eller att förlita sig mer på social trygghet eller andra inkomstkällor. De anpassningar som krävs kan påverka din livskvalitet när du går i pension och begränsa din förmåga att njuta av den pension du tänkt dig.

För att undvika fallgroparna med tidiga uttag är det viktigt att ha en välstrukturerad pensionssparstrategi som inkluderar en akutfond och en tydlig förståelse för dina långsiktiga ekonomiska behov. Att bygga en akutfond kan ge ett skyddsnät för oväntade utgifter, vilket minskar behovet av att utnyttja ditt pensionssparande i förtid. Dessutom kan upprättandet av en omfattande finansiell plan som tar hänsyn till potentiella livsförändringar och nödsituationer hjälpa dig att hantera dina besparingar mer effektivt och undvika tidiga uttag.

Om du hamnar i en situation där ett tidigt uttag verkar oundvikligt, är det lämpligt att rådgöra med en finansiell rådgivare. En rådgivare kan hjälpa dig att utvärdera den potentiella effekten på ditt pensionssparande, utforska alternativa lösningar och fatta välgrundade beslut om att få tillgång till dina fonder. De kan också ge vägledning om hur du minimerar de negativa effekterna av tidiga uttag och justerar din pensionsplan för att tillgodose eventuella nödvändiga förändringar. Sammanfattningsvis kan ett uttag av pensionssparande för tidigt få svåra konsekvenser för din långsiktiga ekonomiska trygghet. Effekten på ditt sparande, potentiella skattekonsekvenser och behovet av att anpassa din pensionslivsstil kan undergräva din förmåga att uppnå en bekväm pension. Genom att förstå riskerna förknippade med tidiga uttag, utforska alternativa lösningar för ekonomiska utmaningar och upprätthålla en välstrukturerad pensionssparstrategi kan du säkra dina pensionsfonder och säkerställa en tryggare och mer tillfredsställande pension.

Att inte ha en akutfond

Att försumma att upprätthålla en krisfond är en betydande förbiseende i pensionsplaneringen som kan få allvarliga konsekvenser för din ekonomiska stabilitet. En krisfond är en avgörande komponent i en omfattande finansiell strategi, utformad för att ge ett skyddsnät för oväntade utgifter eller ekonomiska nödsituationer som kan uppstå. Utan en tillräcklig nödfond kan du se dig själv tvingad att utnyttja ditt pensionssparande, vilket kan undergräva din långsiktiga ekonomiska trygghet och störa dina pensionsplaner.

En akutfond fungerar som en buffert mot oförutsedda ekonomiska utmaningar, såsom oväntade sjukvårdskostnader, brådskande hemreparationer eller plötslig förlust av jobb. Dessa typer av nödsituationer kan inträffa när som helst och kräver ofta omedelbar tillgång till medel. Utan en dedikerad akutfond kan du bli frestad att ta ut ditt pensionssparande eller ta på dig en hög ränta för att täcka dessa kostnader. Båda alternativen kan ha skadliga effekter på din pensionsplanering och ekonomiska välbefinnande.

En av de främsta riskerna med att inte ha en akutfond är det potentiella behovet av att ta ut ditt pensionssparande i förtid. Pensionskonton är avsedda att ge långsiktig ekonomisk trygghet och är vanligtvis inte lättillgängliga utan påföljder eller skattekonsekvenser. Genom att använda pensionsfonder för att ta itu med nödsituationer utarmar du inte bara dina besparingar utan äventyrar även dina investeringars tillväxtpotential. Detta tidiga uttag kan avsevärt minska mängden tillgängliga pengar för dina pensionsår och kan leda till ekonomiska svårigheter senare i livet.

Förutom att tömma ditt pensionssparande kan det leda till ökad finansiell stress och instabilitet om du inte har en krisfond. Utan ett skyddsnät kan du känna mer press att fatta förhastade ekonomiska beslut, som att ta lån med hög ränta eller sälja investeringar vid en olämplig tidpunkt. Denna stress kan påverka din allmänna ekonomiska hälsa och göra det mer utmanande att uppnå dina pensionsmål.

En annan nyckelfråga är att nödsituationer ofta kräver omedelbara åtgärder, och det är viktigt att ha tillgång till lättillgängliga medel. Om du inte har en nödfond kan du behöva kämpa för att hitta pengar snabbt, vilket kan leda till dåliga ekonomiska beslut eller förseningar i att åtgärda brådskande frågor. En akutfond säkerställer att du har likviditeten för att hantera oväntade utgifter utan att störa din ekonomiska plan.

Att bygga och underhålla en akutfond är särskilt viktigt för pensionärer, eftersom de kan möta ökade ekonomiska risker på grund av åldersrelaterade problem och fasta inkomster. Sjukvårdsnödsituationer, oväntade hemreparationer eller andra akuta behov kan uppstå oftare när du åldras. Genom att ha en nödfond på plats kan du möta dessa behov utan att påverka ditt pensionssparande eller livsstil.

För att skapa en robust krisfond, överväg att avsätta en del av din inkomst specifikt för detta ändamål. Finansexperter rekommenderar vanligtvis att du håller tre till sex månaders levnadskostnader på ett lättillgängligt konto, till exempel ett sparkonto eller en penningmarknadsfond. Detta belopp kan variera beroende på dina personliga omständigheter och vilken nivå av ekonomisk säkerhet du önskar. För pensionärer kan det vara klokt att hålla en större reserv för att ta hänsyn till potentiella nödsituationer och fluktuationer i inkomst.

Att skapa och underhålla en krisfond kräver disciplin och planering. Börja med att bedöma din nuvarande ekonomiska situation och avgöra hur mycket du behöver spara. Sätt av en del av din inkomst regelbundet för att gradvis bygga upp din akutfond. Att automatisera dina bidrag kan göra denna process mer hanterbar och säkerställa att du konsekvent lägger till din fond.

Förutom att bygga en akutfond är det viktigt att regelbundet se över och justera summan du har sparat. När din ekonomiska situation eller utgifter förändras kan du behöva öka eller justera din akutfond för att upprätthålla tillräcklig täckning. Att regelbundet omvärdera din fond säkerställer att du är beredd på alla oförutsedda omständigheter och att ditt finansiella skyddsnät förblir effektivt.

Sammanfattningsvis, att inte ha en akutfond är en betydande förbiseende i pensionsplaneringen som kan äventyra din finansiella stabilitet och långsiktiga mål. En akutfond ger en avgörande buffert mot oväntade utgifter och hjälper till att förhindra att du behöver ta ut ditt pensionssparande i förtid. Genom att etablera och upprätthålla en nödfond kan du säkra din ekonomiska trygghet, minska stressen och säkerställa att du är beredd att hantera oförutsedda utmaningar utan att kompromissa med dina pensionsplaner.

Försummar att ta hänsyn till livslängd

Att försumma att ta hänsyn till livslängden är en kritisk tillsyn i pensionsplaneringen som kan få allvarliga konsekvenser för din långsiktiga ekonomiska trygghet. När den förväntade livslängden fortsätter att stiga globalt, har möjligheten att leva långt upp i 80- eller 90-årsåldern blivit allt vanligare. Att misslyckas med att planera för en längre livslängd än förväntat kan resultera i att du överlever dina besparingar, vilket leder till finansiell instabilitet och försämrad livskvalitet under dina senare år.

En av de primära riskerna med att inte ta hänsyn till livslängden är den potentiella utarmningen av dina pensionsfonder. Många människor planerar sitt pensionssparande utifrån en medellivslängd, förutsatt att de kommer att behöva medel under ett visst antal år. Men om du lever längre än förväntat kan du ta ut dina besparingar innan ditt liv är slut. Detta kan resultera i ekonomiska svårigheter, tvinga dig att minska din levnadsstandard, söka ytterligare inkomstkällor eller lita på familjemedlemmar för stöd.

Livslängdsrisken är särskilt uttalad för pensionärer som inte har garanterade inkomstkällor, såsom pensioner eller livräntor. Utan dessa källor är din pensionsinkomst beroende av livslängden på dina besparingar och investeringar. Om dina pengar är uttömda kan du möta utmaningar med att täcka väsentliga utgifter som boende, sjukvård och dagliga levnadskostnader. Rätt planering är avgörande för att säkerställa att ditt sparande räcker under hela din pension, oavsett hur länge du lever.

En annan faktor att tänka på är inflationens inverkan på ditt pensionssparande. Med tiden urholkar inflationen dina pengars köpkraft, vilket innebär att levnadskostnaderna stiger även om dina besparingar förblir desamma. Om du inte planerar för lång livslängd kanske du inte tar hänsyn till inflationens sammansatta effekter på dina långsiktiga utgifter. Som ett resultat kan det hända att dina besparingar inte sträcker sig så långt som du förväntade dig, vilket ytterligare förvärrar risken för att få slut på pengar.

Sjukvårdskostnader spelar också en viktig roll vid planering av livslängd. När du åldras kommer dina vårdbehov och utgifter sannolikt att öka. Utan att ta hänsyn till livslängden kan du underskatta de potentiella sjukvårdskostnader som kan uppstå under senare år. Dessa kostnader kan vara betydande, inklusive utgifter för mediciner, behandlingar och långtidsvård. Att inte planera för dessa potentiella kostnader kan belasta din ekonomi och försämra din livskvalitet.

För att hantera risken att överleva ditt sparande är det viktigt att införliva strategier i din pensionsplan som står för livslängden. Ett tillvägagångssätt är att anta en konservativ sparstrategi, vilket innebär att spara mer än vad du från början tror är nödvändigt. Genom att överskatta dina behov och spara därefter kan du skapa en större ekonomisk kudde som ger en större trygghet vid en längre än väntat pensionering.

En annan strategi är att diversifiera dina inkomstkällor för att inkludera alternativ som ger garanterad eller stabil inkomst under hela pensioneringen. Livräntor, till exempel, kan erbjuda en förutsägbar inkomstström under en viss period eller för resten av ditt liv, vilket hjälper till att minska risken att överleva dina besparingar. På samma sätt kan diversifiering av investeringar till att inkludera inkomstgenererande tillgångar, såsom utdelningsbetalande aktier eller hyresfastigheter, ge ytterligare inkomstkällor.

Att regelbundet se över och justera din pensionsplan är också avgörande för att hantera livslängdsrisken. När du närmar dig pensionering och framsteg genom dina pensionsår är det viktigt att omvärdera din ekonomiska situation, uppdatera dina prognoser och justera din strategi efter behov. Denna fortlöpande utvärdering hjälper till att säkerställa att din pensionsplan förblir i linje med dina förändrade behov och omständigheter.

Planering för livslängd innebär också att överväga potentiella förändringar i din livsstil och utgifter över tiden. När du åldras kan dina utgiftsmönster förändras och dina behov kan utvecklas. Det är viktigt att ta hänsyn till dessa förändringar i din pensionsplan och anpassa dina spar- och investeringsstrategier därefter. Till exempel kan du behöva planera för högre vårdkostnader, potentiella hemändringar eller förändringar i dina resor och fritidsaktiviteter.

Slutligen kan det vara fördelaktigt att söka professionell finansiell rådgivning när man tar itu med livslängdsrisk. En finansiell rådgivare kan hjälpa dig att utveckla en omfattande pensionsplan som tar hänsyn till din förväntade livslängd, inflation, sjukvårdskostnader och andra faktorer. De kan ge vägledning om hur du strukturerar dina investeringar, optimerar dina inkomstkällor och justerar din plan för att säkerställa att du har tillräckliga resurser för en längre pension.

Sammanfattningsvis är att försumma att ta hänsyn till livslängden ett allvarligt misstag i pensionsplaneringen som kan leda till ekonomiska svårigheter och minskad livskvalitet. Genom att inse riskerna förknippade med att leva längre än förväntat och införliva strategier för att mildra dessa risker, kan du bättre förbereda dig för en säker och bekväm pension. Att anta en konservativ sparstrategi, diversifiera inkomstkällor, se över din plan regelbundet och söka professionell rådgivning är viktiga steg för att hantera livslängdsrisk och se till att ditt pensionssparande varar under hela din livstid.

Missräkning av pensionsåldern

Att felaktigt beräkna din pensionsålder är ett betydande misstag som kan få djupgående konsekvenser för din ekonomiska stabilitet och övergripande pensionsplanering. Den pensionsålder du väljer kan påverka hur mycket du behöver spara, tidpunkten för dina uttag och din förmåga att njuta av den pensionslivsstil du föreställer dig. En felberäkning kan leda till ekonomisk påfrestning, oväntade justeringar av dina planer eller till och med behovet av att arbeta längre än väntat.

En av de främsta riskerna som är förknippade med felberäkning av din pensionsålder är den potentiella bristen på sparande. Om du planerar att gå i pension tidigare än vad du har råd med, kan det hända att du har otillräckliga medel för att täcka dina levnadskostnader under hela din pensionstid. Detta underskott kan bero på en mängd olika faktorer, som att underskatta hur länge du kommer att leva, missbedöma dina framtida utgifter eller att inte ta hänsyn till effekterna av inflation och sjukvårdskostnader. Utan tillräckliga besparingar kan du bli tvungen att sänka din levnadsstandard, skjuta upp pensionen eller söka ytterligare inkomstkällor.

Omvänt kan det också innebära utmaningar att skjuta upp pensioneringen. Samtidigt som att arbeta längre kan ge ytterligare inkomster och ge mer tid att spara, kan det också ha konsekvenser för din livsstil och ditt välbefinnande. Beslutet att arbeta efter din planerade pensionsålder kan styras av ekonomisk nödvändighet, men det kan också påverka din livskvalitet, hälsa och personliga mål. Att felberäkna din pensionsålder och befinna dig i en position där du inte kan gå i pension som planerat kan leda till stress och frustration, vilket påverkar din totala pensionsupplevelse.

En korrekt bedömning av din pensionsålder kräver en grundlig förståelse för din ekonomiska situation, livsstilsmål och hälsoaspekter. Många människor baserar sin pensionsålder på allmänna antaganden eller externa faktorer, såsom rätt till statliga förmåner eller pensionsplaner, utan att helt ta hänsyn till deras unika omständigheter. Detta tillvägagångssätt kan leda till felberäkningar om dina faktiska behov och resurser skiljer sig från dessa antaganden.

För att undvika att du räknar fel på din pensionsålder är det viktigt att ha en övergripande strategi för pensionsplanering. Börja med att utvärdera din nuvarande ekonomiska situation, inklusive dina besparingar, investeringar, inkomstkällor och utgifter. Tänk på faktorer som din önskade pensionslivsstil, potentiella sjukvårdskostnader och eventuella utestående skulder eller förpliktelser. Denna bedömning hjälper dig att bestämma en realistisk pensionsålder som är i linje med dina ekonomiska mål och behov.

Det är också viktigt att ta hänsyn till din förväntade livslängd när du planerar din pensionsålder. Även om det är utmanande att förutsäga hur länge du kommer att leva, kan du få en mer exakt uppskattning genom att använda data om genomsnittlig livslängd och att ta hänsyn till din personliga hälsohistoria. Att planera för en längre pension säkerställer att du har tillräckliga medel för att täcka dina utgifter under dina senare år.

Att införliva flexibilitet i din pensionsplan kan hjälpa till att hantera potentiella felberäkningar. Istället för att sätta en fast pensionsålder, överväg att utveckla en rad pensionsåldrar eller scenarier baserat på olika ekonomiska utfall. Denna flexibilitet gör att du kan anpassa dina planer om dina omständigheter förändras, såsom oväntade hälsoproblem eller förändringar i din ekonomiska situation. Att ha alternativa planer på plats kan hjälpa dig att hantera osäkerheten kring pensionsplanering och minska risken för att möta ekonomiska svårigheter.

Att regelbundet se över och justera din pensionsplan är en annan viktig strategi för att undvika missräkningar. När du närmar dig pension, utvärdera dina framsteg mot dina ekonomiska mål och gör nödvändiga justeringar av dina besparingar, investeringar eller pensionsålder. Regelbundna granskningar hjälper till att säkerställa att din plan förblir i linje med dina förändrade behov och omständigheter, vilket gör att du kan fatta välgrundade beslut om din pension.

Att söka professionell finansiell rådgivning kan också vara fördelaktigt för att ta itu med komplexiteten i pensionsplanering. En finansiell rådgivare kan hjälpa dig att utveckla en omfattande pensionsplan som tar hänsyn till dina specifika mål, resurser och risker. De kan ge vägledning om att optimera ditt sparande, hantera investeringar och bestämma en lämplig pensionsålder baserat på din individuella situation.

Sammanfattningsvis kan felberäkning av din pensionsålder ha betydande konsekvenser för din ekonomiska stabilitet och pensionserfarenhet. Genom att noggrant utvärdera din ekonomiska situation, överväga din förväntade livslängd, införliva flexibilitet i din plan och söka professionell rådgivning, kan du undvika riskerna med missräkningar och säkerställa en tryggare och njutbar pension. Noggrann planering och regelbundna justeringar hjälper dig att uppnå dina pensionsmål och njuta av den livsstil du föreställer dig för dina senare år.

Med utsikt över arbetsgivarens pensionsplaner

Att förbise arbetsgivarens pensionsplaner är en kritisk tillsyn i pensionsplaneringen som kan resultera i missade möjligheter att bygga en säkrare ekonomisk framtid. Många individer misslyckas med att fullt ut utnyttja arbetsgivarsponsrade pensionsplaner, såsom arbetsplatspensionsplaner eller avgiftsbestämda planer, antingen på grund av bristande medvetenhet eller missförstånd om deras förmåner. Denna tillsyn kan leda till suboptimala pensionsbesparingar och missade fördelar som dessa planer erbjuder.

Arbetsgivarens pensionsplaner kommer ofta med flera viktiga fördelar som avsevärt kan förbättra ditt pensionssparande. En av de viktigaste fördelarna är möjligheten till arbetsgivaravgifter. Många arbetsgivare erbjuder matchande avgifter, där de matchar en del av den anställdes bidrag till pensionsplanen upp till en viss gräns. Detta matchningsbidrag är i princip gratis pengar som avsevärt kan öka det belopp du sparar till pensionen. Genom att inte delta fullt ut eller överhuvudtaget går du miste om dessa ytterligare insatser, som annars skulle kunna öka din pensionskassa avsevärt över tid.

En annan fördel med arbetsgivarens pensionsplaner är möjligheten till skatteförmåner. I många fall görs bidrag till arbetsgivarsponsrade pensionsplaner före skatt, vilket innebär att de minskar din skattepliktiga inkomst för det år då de görs. Detta kan sänka din nuvarande skatteskuld och göra att mer av din inkomst kan riktas mot pensionssparande. Dessutom är investeringstillväxten inom dessa planer ofta uppskjuten med skatt, vilket innebär att du inte betalar skatt på inkomsten förrän du tar ut pengarna under pensioneringen. Att förbise denna förmån innebär att gå miste om de potentiella skattebesparingarna och tillväxtfördelarna som dessa planer ger.

Arbetsgivares pensionsplaner kommer ofta med professionellt förvaltade investeringsalternativ som kan hjälpa dig att bygga en diversifierad portfölj. Dessa planer erbjuder vanligtvis en rad investeringsval, inklusive aktier, obligationer och fonder, som hanteras av proffs som kan hjälpa till att optimera din investeringsstrategi. Genom att delta i dessa planer får du tillgång till investeringsexpertis och resurser som kanske inte är tillgängliga via individuella pensionskonton eller självförvaltande investeringar. Att försumma att dra fördel av dessa alternativ kan resultera i en mindre diversifierad investeringsstrategi och potentiellt lägre avkastning.

Dessutom kan arbetsgivarens pensionsplaner erbjuda funktioner som automatisk registrering och automatisk upptrappning. Automatisk registrering innebär att du är inskriven i planen som standard när du blir berättigad, och bidrag dras automatiskt från din lönecheck. Automatisk eskalering ökar din avgiftsgrad gradvis över tiden, vilket hjälper dig att spara mer när du närmar dig pensionen. Dessa funktioner kan förenkla sparprocessen och hjälpa dig att gradvis bygga upp en mer omfattande pensionsfond. Att förbise dessa funktioner innebär att du går miste om praktiska sätt att förbättra dina besparingar.

Det är också viktigt att överväga de långsiktiga effekterna av att inte delta i arbetsgivarens pensionsplaner. Att missa arbetsgivaravgifter och skatteförmåner kan resultera i en mindre pensionskassa, vilket kräver att du sparar mer av dina egna resurser eller arbetar längre för att nå dina pensionsmål. Detta kan påverka din livskvalitet när du går i pension och begränsa din förmåga att njuta av den livsstil du föreställer dig.

För att säkerställa att du drar full nytta av din arbetsgivares pensionsplan, börja med att förstå detaljerna i planen som din arbetsgivare erbjuder. Granska plandokumenten, inklusive bidragsgränser, matchningspolicyer och investeringsalternativ. Se till att du är medveten om eventuella deadlines för registrering eller ändringar av dina bidrag.

Om din arbetsgivare erbjuder ett matchningsbidrag, sträva efter att bidra minst tillräckligt för att få hela matchningen. Detta maximerar fördelen du får av planen och drar full nytta av de ytterligare besparingar som din arbetsgivare tillhandahåller. Se regelbundet över och justera dina bidrag efter behov, särskilt om du får löneökningar eller förändringar i din ekonomiska situation.

Överväg att söka råd från en finansiell rådgivare för att hjälpa dig att få ut det mesta av din arbetsgivares pensionsplan. En rådgivare kan hjälpa dig att förstå planens funktioner, optimera din investeringsstrategi och integrera den i din övergripande pensionsplan. De kan också hjälpa dig att fatta välgrundade beslut om att öka bidragen, hantera investeringar och planera för dina pensionsmål.

Sammanfattningsvis kan om du förbiser arbetsgivarens pensionsplaner leda till missade möjligheter att förbättra ditt pensionssparande och säkra din ekonomiska framtid. Genom att delta fullt ut i dessa planer, dra fördel av arbetsgivaravgifter och skatteförmåner och utnyttja tillgängliga investeringsalternativ kan du bygga en mer robust pensionsfond. Att förstå funktionerna i din arbetsgivares plan, ställa in lämpliga avgiftsnivåer och söka professionell rådgivning kan hjälpa dig att maximera fördelarna med arbetsgivarsponsrade pensionsplaner och uppnå en säkrare och bekvämare pension.

Söker inte professionell ekonomisk rådgivning

Att försumma att söka professionell ekonomisk rådgivning är ett vanligt misstag i pensionsplaneringen som kan leda till suboptimala ekonomiska resultat och missade möjligheter. Finansiell planering är ett komplext område, som involverar investeringsstrategier, skatteöverväganden, fastighetsplanering och olika andra faktorer som avsevärt kan påverka din pensionssäkerhet. Genom att inte rådgöra med en finansiell rådgivare kan du förbise kritiska aspekter av din finansiella strategi, vilket leder till potentiella risker och ineffektivitet.

En av de främsta fördelarna med att söka professionell finansiell rådgivning är den expertis som finansiella rådgivare tillför för pensionsplanering. Rådgivare är utbildade för att förstå krångligheterna på finansmarknader, investeringsprodukter, skattelagar och pensionsstrategier. De kan ge värdefulla insikter och rekommendationer baserat på deras kunskap och erfarenhet, och hjälper dig att navigera i komplexa beslut och utveckla en omfattande pensionsplan som är anpassad till dina mål och omständigheter.

Professionella rådgivare kan hjälpa dig att skapa en personlig pensionsplan som tillgodoser dina specifika behov, inklusive att bestämma den optimala sparräntan, investeringsstrategin och uttagsplanen. De kan hjälpa till att sätta realistiska pensionsmål, uppskatta framtida utgifter och projicera effekterna av olika scenarier på din ekonomiska trygghet. Utan denna vägledning kan du fatta beslut baserat på ofullständig information eller föråldrade antaganden, vilket potentiellt äventyrar din pensionsberedskap.

En annan fördel med att söka professionell rådgivning är förmågan att få objektiva, opartiska rekommendationer. Finansiella rådgivare är vanligtvis förtroendemän, vilket innebär att de är juridiskt skyldiga att agera i ditt bästa intresse. Detta objektiva perspektiv kan vara särskilt värdefullt när man utvärderar investeringsalternativ, väljer pensionskonton eller fattar beslut om tillgångsallokering. Rådgivare kan hjälpa dig att undvika intressekonflikter och se till att dina ekonomiska beslut är i linje med dina långsiktiga mål.

Skatteplanering är ett annat kritiskt område där professionell rådgivning kan göra stor skillnad. Finansiella rådgivare kan hjälpa dig att navigera i komplexiteten i skattelagar och identifiera strategier för att minimera din skatteskuld. De kan ge vägledning om skatteeffektiva investeringsalternativ, uttagsstrategier och skatternas inverkan på din pensionsinkomst. Korrekt skatteplanering kan förbättra din totala ekonomiska effektivitet och hjälpa dig att behålla mer av dina pensionssparande.

Fastighetsplanering är en annan viktig aspekt av pensionsförberedelser som drar nytta av professionell rådgivning. Rådgivare kan hjälpa till att skapa en fastighetsplan som tillgodoser dina önskemål om tillgångsfördelning, minimerar fastighetsskatter och ser till att dina förmånstagare tas om hand enligt dina preferenser. Utan ordentlig fastighetsplanering riskerar du att lämna olösta problem som kan leda till juridiska komplikationer eller oavsiktliga utfall för dina arvingar.

Dessutom kan finansiella rådgivare erbjuda stöd för att hantera marknadsvolatilitet och justera din investeringsstrategi som svar på förändrade ekonomiska förhållanden. De kan hjälpa dig att behålla ett disciplinerat förhållningssätt till investeringar, undvika känslomässigt beslutsfattande och hålla fokus på dina långsiktiga mål. Detta pågående stöd kan vara avgörande för att navigera i perioder av osäkerhet på marknaden och för att säkerställa att din pensionsplan förblir på rätt spår.

Att inte söka professionell finansiell rådgivning kan också leda till missade möjligheter att optimera din pensionsstrategi. Rådgivare kan hjälpa dig att identifiera och dra nytta av investeringsmöjligheter, statliga förmåner och finansiella produkter som du kanske inte är medveten om. De kan också hjälpa till att fatta välgrundade beslut om försäkringar, pensionskonton och andra ekonomiska frågor som påverkar din pensionsberedskap.

För att få ut det mesta av professionell finansiell rådgivning, börja med att välja en kvalificerad och ansedd rådgivare. Leta efter rådgivare med relevanta certifieringar, såsom Certified Financial Planners (CFPs), och se till att de har erfarenhet av pensionsplanering. Genomför grundlig forskning, läs kundrecensioner och överväg att schemalägga en första konsultation för att bedöma om rådgivarens tillvägagångssätt överensstämmer med dina behov och mål.

När du har valt en rådgivare, arbeta tillsammans för att utveckla en omfattande pensionsplan. Ge dem detaljerad information om din ekonomiska situation, mål och problem. Var öppen för deras rekommendationer och villig att anpassa din strategi baserat på deras expertis. Gå regelbundet igenom din plan med din rådgivare för att göra justeringar efter behov och hålla dig informerad om eventuella förändringar i din ekonomiska situation eller pensionsmål.

Sammanfattningsvis, att inte söka professionell ekonomisk rådgivning är en betydande förbiseende som kan påverka din pensionsplanering och ekonomiska trygghet. Genom att rådgöra med en kvalificerad finansiell rådgivare kan du dra nytta av deras expertis, få objektiva rekommendationer och ta itu med komplexa ekonomiska frågor som skatteplanering och fastighetsplanering. Professionell rådgivning kan hjälpa dig att utveckla en heltäckande pensionsstrategi, optimera dina investeringar och navigera i finansiella utmaningar, vilket i slutändan förbättrar din förmåga att uppnå en säker och tillfredsställande pension.

Misslyckas med att hantera skulder före pensionering

Att misslyckas med att hantera skulder effektivt före pensioneringen är ett kritiskt misstag som kan undergräva din ekonomiska trygghet och din pensionsplan. Skuld, om den inte hanteras på rätt sätt, kan urholka dina besparingar, begränsa din ekonomiska flexibilitet och påverka din totala livskvalitet under pensioneringen. Att hantera och hantera skulder innan du går i pension är avgörande för att säkerställa att du kan gå i pension med en stabil ekonomisk grund och en tydlig väg till att nå dina pensionsmål.

En av de främsta riskerna med att bära betydande skulder till pensionen är den påfrestning det lägger på din pensionsinkomst. Under pensioneringen är dina primära inkomstkällor vanligtvis fasta, såsom pensioner, sparande eller socialförsäkring. Höga skuldnivåer kan förbruka en betydande del av denna inkomst, vilket ger dig mindre pengar för väsentliga utgifter och diskretionära utgifter. Detta kan leda till minskad livskvalitet, ekonomisk stress och behovet av att göra svåra livsstilsanpassningar.

Skuldhantering påverkar också din förmåga att spara effektivt till pensionen. Att bära stora mängder skulder kräver ofta betydande månatliga betalningar, vilket kan begränsa din förmåga att bidra till pensionssparande eller investeringskonton. Detta kan resultera i en mindre pensionsfond och potentiellt försena din förmåga att gå i pension bekvämt. Att hantera och minska skulden på rätt sätt kan frigöra resurser som kan omdirigeras till sparande, vilket gör att du kan bygga en mer robust pensionsfond.

Räntebetalningar på skulder kan vara särskilt betungande och ha en betydande inverkan på din ekonomi. Skulder med hög ränta, som kontokortssaldon eller personliga lån, kan ackumuleras snabbt, vilket ökar det totala beloppet du är skyldig och minskar din ekonomiska flexibilitet. Ju längre du bär denna skuld, desto mer betalar du i ränta, vilket ytterligare kan tömma dina resurser och påverka ditt pensionssparande. Att minska eller eliminera högränteskulder före pensionering kan hjälpa till att minimera dessa kostnader och förbättra din allmänna ekonomiska hälsa.

Att hantera skulder effektivt bidrar också till att upprätthålla en bra kreditvärdering. En hög kreditpoäng är viktig för att säkerställa förmånliga villkor på lån, bolån och andra finansiella produkter. Att gå i pension med en bra kreditpoäng kan göra det lättare att få tillgång till kredit om det behövs, eventuellt till förmånligare priser. Omvänt, att bära betydande skulder och uteblivna betalningar kan påverka din kreditpoäng negativt, vilket gör det mer utmanande att få kredit eller ekonomisk hjälp i framtiden.

För att hantera skulder effektivt före pensioneringen, börja med att bedöma din nuvarande skuldsituation. Gör en lista över alla dina skulder, inklusive utestående saldon, räntor och månatliga betalningar. Att förstå omfattningen av din skuld hjälper dig att utveckla en strategi för återbetalning och prioritera vilka skulder du ska ta itu med först.

Överväg att fokusera på att betala ner högränteskulder som en prioritet. Skulder med hög ränta, som tillgodohavanden på kreditkort, kan snabbt ackumuleras och bli dyrare med tiden. Att betala av dessa skulder först kan minska det totala räntebeloppet du betalar och förbättra din ekonomiska situation snabbare. Använd strategier som skuldavalanchemetoden, där du betalar av skulder med de högsta räntorna först, eller skuldsnöbollsmetoden, där du fokuserar på att betala av de minsta skulderna först för en känsla av prestation.

Att skapa en budget och ekonomisk plan kan också hjälpa dig att hantera skulder effektivt. En budget låter dig spåra dina inkomster och utgifter, identifiera områden där du kan skära ner och allokera ytterligare medel för att återbetala skulder. Att konsekvent följa en budget och göra regelbundna betalningar till dina skulder kan påskynda återbetalningsprocessen och förbättra din finansiella stabilitet.

Om du tycker att det är svårt att hantera skulder på egen hand, överväg att söka hjälp från en finansiell rådgivare eller kreditrådgivare. Dessa proffs kan hjälpa dig att utveckla en skuldhanteringsplan, förhandla med borgenärer och ge vägledning om strategier för att förbättra din ekonomiska situation. De kan också ge råd om hur du balanserar skuldåterbetalning med pensionssparande, vilket säkerställer att du upprätthåller framsteg mot båda målen.

Sammanfattningsvis, att misslyckas med att hantera skulder på ett effektivt sätt före pensioneringen kan få betydande konsekvenser för din ekonomiska trygghet och livskvalitet. Genom att ta itu med och minska skulden, prioritera högränteförpliktelser, skapa en budget och söka professionell hjälp om det behövs, kan du förbättra din finansiella stabilitet och gå i pension med en starkare grund. Effektiv skuldhantering gör att du kan allokera mer resurser till sparande, minska finansiell stress och förbättra din totala pensionsupplevelse.

Förstår inte pensionsutbetalningsalternativ

Att inte förstå alternativen för pensionsutbetalning kan avsevärt påverka din pensionssäkerhet och ditt ekonomiska välbefinnande. Pensioner är utformade för att ge en stadig inkomstström under pensioneringen, men sättet du väljer att få dessa förmåner kan ha långsiktiga konsekvenser för din ekonomiska stabilitet och livskvalitet. Utan en tydlig förståelse för de olika utbetalningsalternativen som finns kan du fatta beslut som kan begränsa din inkomst, minska din flexibilitet eller påverka din förmåga att uppnå dina pensionsmål.

När du närmar dig pensionering erbjuder pensionsplaner vanligtvis flera utbetalningsalternativ, alla med olika funktioner och förmåner. Vanliga alternativ inkluderar en livränta för singel, gemensam livränta och efterlevandelivränta och engångsbelopp. Varje alternativ har sin egen uppsättning fördelar och potentiella nackdelar, och att förstå dessa skillnader är avgörande för att kunna fatta ett välgrundat beslut.

En livränta ger en garanterad månadsinkomst så länge du lever, men utbetalningarna upphör vid din död. Detta alternativ kan erbjuda en högre månatlig förmån jämfört med andra val, eftersom det inte tar hänsyn till möjligheten att ge inkomst till en efterlevande make eller förmånstagare. Men om du lever längre än förväntat kan du överleva dina pensionsutbetalningar, och det blir inga kvarvarande förmåner för dina arvingar. Detta kan vara en betydande risk om du har en långvarig familjehistoria eller om du är orolig för att försörja en efterlevande make.

Ett alternativ för gemensam och efterlevande livränta ger löpande betalningar för resten av ditt liv och fortsätter att ge förmåner till en utsedd förmånstagare, till exempel en make, efter din död. Det här alternativet resulterar vanligtvis i lägre månatliga betalningar jämfört med en livränta eftersom det står för möjligheten att betala ut förmåner under två liv. Att välja det här alternativet kan ge sinnesfrid att veta att din make kommer att fortsätta att få inkomst om du går bort först. De reducerade månatliga betalningarna kanske inte fullt ut uppfyller dina ekonomiska behov om du överlever din förväntade livslängd.

En engångsutdelning gör att du kan få hela värdet av din pension i en engångsbetalning. Det här alternativet ger flexibilitet, eftersom du kan använda medlen som du vill, investera dem eller sätta in dem på ett annat pensionskonto. Medan ett engångsbelopp ger dig kontroll över dina pengar, medföljer det också risker. Utan ordentlig förvaltning kan du tömma dina besparingar för snabbt, eller så kanske medlen inte räcker till för att täcka hela din pension. Att hantera en stor summa kräver dessutom noggrann planering och investeringsstrategier för att säkerställa att medlen räcker under hela din pension.

Att inte förstå dessa utbetalningsalternativ kan resultera i att du väljer en plan som inte stämmer överens med dina pensionsmål eller ekonomiska behov. Om du till exempel väljer en livränta för singelliv när du har en make som är beroende av din inkomst kan du lämna din make utan tillräckligt ekonomiskt stöd efter din död. Omvänt kan det leda till lägre månatliga betalningar som inte täcker dina levnadskostnader om du väljer en gemensam livränta och efterlevandelivränta utan att ta hänsyn till inverkan på dina nuvarande ekonomiska behov.

Det är viktigt att noggrant utvärdera dina personliga omständigheter, inklusive din hälsa, familjesituation, ekonomiska mål och pensionsplaner, när du bestämmer dig för ett pensionsutbetalningsalternativ. Tänk på faktorer som din förväntade livslängd, behovet av äktenskapsstöd och din komfort med att hantera en engångsbetalning. Tänk dessutom på hur varje alternativ passar in i din övergripande pensionsstrategi och hur det kommer att påverka din långsiktiga ekonomiska trygghet.

Att söka professionell finansiell rådgivning kan vara fördelaktigt när du fattar beslut om pensionsutbetalningsalternativ. En finansiell rådgivare kan hjälpa dig att bedöma dina behov, jämföra de olika utbetalningsalternativen och bestämma det bästa alternativet för din specifika situation. De kan ge vägledning om hur du integrerar pensionsinkomster med andra pensionssparande och investeringar, vilket säkerställer att du har en heltäckande plan som stödjer dina ekonomiska mål.

Sammanfattningsvis, att inte förstå alternativen för pensionsutbetalning kan få betydande konsekvenser för din pensionstrygghet och ekonomiska välbefinnande. Genom att noggrant utvärdera de tillgängliga alternativen, överväga dina personliga omständigheter och pensionsmål och söka professionell rådgivning om det behövs, kan du fatta välgrundade beslut som passar dina behov och ge en stabil inkomst under hela din pensionering. Att hantera dina pensionsutbetalningar på rätt sätt är avgörande för att säkerställa att du upprätthåller finansiell stabilitet och uppnår en bekväm och trygg pension.

Felaktig allokering av investeringar i pension

Felaktig allokering av investeringar i pension kan allvarligt påverka din finansiella stabilitet och hindra din förmåga att uppnå långsiktiga mål. Investeringsallokering innebär att fördela dina tillgångar mellan olika typer av investeringar, såsom aktier, obligationer och kontanter, för att balansera risk och avkastning. När du går i pension är insatserna särskilt höga, eftersom du litar på dessa investeringar för att finansiera dina levnadskostnader och bibehålla din livskvalitet under potentiellt flera decennier. Felsteg inom detta område kan leda till otillräcklig tillväxt, överdriven risk eller otillräcklig likviditet, vilket var och en kan undergräva din pensionssäkerhet.

Ett vanligt misstag är att upprätthålla en alltför aggressiv investeringsstrategi. Många pensionärer, påverkade av en önskan om högre avkastning, kan fortsätta att investera kraftigt i aktier eller andra högrisktillgångar. Även om detta tillvägagångssätt kan erbjuda betydande tillväxtpotential, exponerar det också din portfölj för betydande volatilitet och risken för betydande förluster. Om marknadsnedgångar inträffar kan en kraftigt aktieorienterad portfölj drabbas av avsevärda nedgångar, vilket minskar ditt pensionssparande och potentiellt äventyrar din finansiella stabilitet. Det är viktigt att justera din tillgångsallokering för att återspegla en lägre risktolerans när du närmar dig eller går i pension.

Omvänt, att vara överdrivet konservativ med dina investeringar är en annan fallgrop. Pensionärer som flyttar hela sin portfölj till lågriskinvesteringar, såsom kontanter eller kortfristiga obligationer, kan skydda sig mot marknadsvolatilitet men riskerar att gå miste om tillväxtmöjligheter. Inflation kan urholka köpkraften hos kontanter och lågavkastande investeringar, vilket innebär att dina besparingar kanske inte växer tillräckligt för att hålla jämna steg med stigande levnadskostnader. Otillräcklig tillväxt kan resultera i brist på medel, särskilt om du lever längre än förväntat eller står inför oförutsedda utgifter.

Felaktig allokering inkluderar också att misslyckas med att diversifiera dina investeringar effektivt. Diversifiering innebär att du sprider dina investeringar över olika tillgångsklasser, sektorer och geografiska regioner för att minska risken. Att förlita sig för mycket på en enskild typ av investering, industri eller geografiskt område kan öka din sårbarhet för marknadsfluktuationer. Till exempel, om dina investeringar är koncentrerade till en specifik sektor som upplever en nedgång, kan hela din portfölj bli lidande. En väldiversifierad portfölj hjälper till att minska risken och ger en mer stabil avkastning över tid.

En annan fråga är att inte periodiskt ombalansera din portfölj. Med tiden, eftersom olika investeringar presterar olika, kan den ursprungliga tillgångsallokeringen bli skev. Till exempel, om aktier går bra och obligationer inte gör det, kan din portfölj bli överviktig i aktier. Regelbunden ombalansering säkerställer att din portfölj förblir i linje med din risktolerans och investeringsmål. Denna praxis innebär att justera dina innehav för att bibehålla den önskade tillgångsallokeringen, vilket hjälper till att hantera risker och optimera avkastningen.

Om du inte tar hänsyn till effekten av nödvändiga minimiutdelningar (RMD) kan det också påverka din investeringsstrategi. I många länder måste pensionärer börja ta ut en viss procent av sitt pensionssparande när de når en viss ålder. Detta krav kan påverka dina investeringsbeslut, eftersom du måste se till att din portfölj har tillräckligt med likviditet för att möta dessa uttag utan att kompromissa med tillväxten. Korrekt planering innebär att strukturera dina investeringar för att ge tillräckligt kassaflöde samtidigt som du uppnår tillväxt.

För att undvika dessa fallgropar är det avgörande att utveckla en genomtänkt investeringsstrategi som är i linje med dina pensionsmål, risktolerans och tidshorisont. Börja med att bedöma din ekonomiska situation, inklusive dina pensionskostnader, inkomstkällor och övergripande ekonomiska mål. Baserat på denna bedömning, skapa en tillgångsallokeringsplan som balanserar risk och avkastning på ett sätt som passar dina behov. Denna plan bör beakta faktorer som din förväntade livslängd, investeringshorisont och personlig risktolerans.

Att regelbundet se över och justera din investeringsstrategi är avgörande för att upprätthålla finansiell stabilitet under hela pensioneringen. Övervaka din portföljs prestanda, bedöm om din tillgångsallokering fortfarande är lämplig och gör justeringar vid behov. Regelbundna granskningar säkerställer att dina investeringar fortsätter att överensstämma med dina mål och anpassar sig till förändrade marknadsförhållanden eller personliga omständigheter.

Konsultation med en finansiell rådgivare kan ge ytterligare stöd för att hantera din investeringstilldelning. Rådgivare kan erbjuda expertis i att skapa en diversifierad investeringsstrategi, välja lämpliga tillgångar och implementera en ombalanseringsplan. De kan också hjälpa dig att navigera i komplexa beslut relaterade till pensionsplanering och investeringsförvaltning.

Sammanfattningsvis kan felaktig allokering av investeringar i pension äventyra din finansiella stabilitet och hindra din förmåga att uppnå dina pensionsmål. Genom att anta ett balanserat förhållningssätt till risk och avkastning, diversifiera dina investeringar, regelbundet balansera om din portfölj och överväga faktorer som nödvändiga minimiutdelningar, kan du öka din ekonomiska säkerhet. Effektiv investeringsförvaltning är avgörande för att säkerställa en stabil och säker pension, så att du kan njuta av dina senare år med självförtroende och sinnesfrid.

Försummar att planera för förmåner för makar och efterlevande

Att försumma att planera för maka- och efterlevandeförmåner kan få betydande konsekvenser för både dig och dina nära och kära under pensioneringen. Dessa förmåner är utformade för att ge ekonomiskt stöd till en make eller anhörig efter din död, och om du inte planerar tillräckligt för dem kan din familj hamna i en utsatt position. Korrekt planering säkerställer att både du och din make kan njuta av ekonomisk trygghet under hela pensioneringen och att dina nära och kära får bra stöd i händelse av att du går bort.

Makaförmåner är en kritisk komponent i pensionsplaneringen, särskilt om den ena maken har en betydligt högre inkomst eller pensionssparande än den andra. I många pensionsplaner och pensionskonton har den efterlevande maken rätt till en del av den avlidnes förmåner. Utan ordentlig planering kan det finnas en risk att den efterlevande maken får ekonomiska svårigheter på grund av otillräckliga förmåner eller otillräckligt sparande. Det är viktigt att förstå detaljerna kring hur dessa förmåner fungerar, inklusive procentandelen av förmåner som kommer att fortsätta och eventuella minskningar.

Efterlevandeförmåner är lika viktiga och involverar ofta överväganden som livförsäkringar, pensionsplaner och andra finansiella tillgångar. Livförsäkring kan ge ett engångsbelopp eller löpande betalningar till dina förmånstagare, hjälpa till att täcka levnadskostnader, skulder eller andra ekonomiska behov efter din död. Att inte ha en adekvat livförsäkring eller att utse lämpliga förmånstagare kan lämna dina nära och kära utan de ekonomiska resurser de behöver för att upprätthålla sin levnadsstandard.

En annan kritisk aspekt är planering för hur efterlevandeförmåner integreras med andra pensionsinkomstkällor. Till exempel, om du eller din make har flera källor till pensionsinkomst, inklusive socialförsäkring, pensioner eller investeringar, är det avgörande att förstå hur dessa kommer att påverkas av en partners död. Vissa förmåner, såsom livräntor för efterlevande, kan minska det utbetalda beloppet om en annan inkomstkälla fortsätter. Att planera för dessa interaktioner hjälper till att säkerställa att din totala pensionsinkomst förblir stabil och tillräcklig för både dig och din make.

Det är också viktigt att överväga vilken inverkan dina val har på din makes pensionsskydd. Om du till exempel väljer en livränta för singelliv eller något annat alternativ som inte ger efterlevandeförmåner, kan din make lämnas utan tillräckligt ekonomiskt stöd efter din död. Omvänt kan välja en gemensam och efterlevande livränta eller liknande plan ge en löpande inkomst till din make, men det kan minska mängden inkomst du får under din livstid. Att balansera dessa överväganden innebär att bedöma dina nuvarande ekonomiska behov, din makes framtida behov och dina övergripande pensionsmål.

För att ta itu med dessa problem på ett effektivt sätt, börja med att granska de förmåner och alternativ som erbjuds av dina pensionsplaner, livförsäkringar och andra finansiella tillgångar. Se till att du till fullo förstår villkoren, inklusive hur förmåner beräknas, eventuella alternativ för efterlevandeförmåner och konsekvenserna av dina val. Se till att uppdatera förmånstagarbeteckningarna och se över om ditt livförsäkringsskydd är lämpligt för att återspegla dina nuvarande behov och omständigheter.

Det är också viktigt att skapa en omfattande fastighetsplan som inkluderar bestämmelser för förmåner till makar och efterlevande. En fastighetsplan bör ta upp hur dina tillgångar kommer att fördelas, hur skulder kommer att hanteras och hur dina nära och kära kommer att försörjas efter din död. Att samråda med en bouppteckningsjurist kan hjälpa dig att ta fram en plan som möter dina behov och säkerställer att dina önskemål genomförs effektivt.

Att regelbundet granska och uppdatera dina pensions- och fastighetsplaner är avgörande eftersom dina omständigheter förändras. Livshändelser som äktenskap, skilsmässa, barns födelse eller förändringar i ekonomisk status kan alla påverka dina planeringsbehov. Regelbundna uppdateringar säkerställer att dina planer förblir i linje med din nuvarande situation och fortsätter att ge det nödvändiga stödet till din make och nära och kära.

Sammanfattningsvis kan det få allvarliga konsekvenser för din ekonomiska trygghet och dina nära och kära om du försummar att planera för maka- och efterlevandeförmåner. Genom att förstå dina förmånsalternativ, integrera dem med andra pensionsinkomstkällor och skapa en omfattande fastighetsplan kan du säkerställa att både du och din make är väl förberedda för pensionering. Korrekt planering hjälper till att ge finansiell stabilitet, sinnesfrid och en trygg framtid för din familj, så att du kan njuta av din pension med tillförsikt.

Missbedöma vikten av fastighetsplanering

Att felbedöma vikten av fastighetsplanering är ett kritiskt fel som kan få långtgående konsekvenser för ditt ekonomiska arv och dina nära och käras välbefinnande. Fastighetsplanering innebär att man fattar beslut om hur dina tillgångar ska fördelas, vem som ska sköta dina angelägenheter och hur dina önskemål kommer att uppfyllas efter din död. Att misslyckas med att planera din egendom på rätt sätt kan leda till komplikationer, onödiga skatter och juridiska tvister, vilket i slutändan undergräver dina mål och orsakar nöd för din familj. Att förstå och genomföra en övergripande dödsboplan är avgörande för att säkerställa att dina tillgångar hanteras enligt dina önskemål och att dina nära och kära försörjas på det sätt du avser.

En av de främsta anledningarna till att fastighetsplanering är så viktig är att den hjälper till att säkerställa att dina tillgångar fördelas enligt dina önskemål. Utan en dödsboplan kommer dina tillgångar att fördelas i enlighet med lagarna om intestat i din jurisdiktion, vilket kanske inte överensstämmer med dina personliga preferenser. Detta kan leda till att oavsiktliga förmånstagare får dina tillgångar eller att din egendom delas på ett sätt som inte speglar dina önskemål. Fastighetsplanering låter dig specificera exakt hur dina tillgångar ska fördelas, inklusive vem som kommer att ärva specifika objekt, fastigheter eller finansiella konton.

Fastighetsplanering spelar också en avgörande roll för att minimera fastighetsskatter och andra kostnader. Utan ordentlig planering kan din egendom bli föremål för betydande skatter vid din död, vilket kan minska värdet på de tillgångar som överförs till dina arvingar. Fastighetsplaneringsverktyg som truster, gåvostrategier och donationer till välgörenhet kan hjälpa till att minska skattebördan på din egendom. Till exempel kan inrättandet av en trust tillåta dig att överföra tillgångar utanför din skattepliktiga egendom, vilket potentiellt kan minska fastighetsskatterna och ge större ekonomiska fördelar för dina förmånstagare. Effektiv fastighetsplanering innebär att förstå skattekonsekvenserna av dina beslut och använda strategier för att minimera dessa kostnader.

En annan viktig aspekt av dödsboplanering är att se till att dina önskemål om sjukvård och beslut i livets slutskede respekteras. Fastighetsplanering gör att du kan skapa förhandsdirektiv, till exempel ett levnadstestamente eller vårdfullmakt, som anger dina preferenser för medicinsk behandling om du blir arbetsoförmögen. Dessa dokument kan ge vägledning till din familj och sjukvårdspersonal, se till att dina önskemål följs och förhindra potentiella tvister eller förvirring om din vård. Utan dessa dokument kan din familj lämnas att fatta svåra beslut utan tydlig riktning, vilket leder till känslomässig stress och potentiella konflikter.

Förutom att ta itu med tillgångsfördelning och medicinsk vård, innebär fastighetsplanering att välja personer som kommer att hantera dina angelägenheter och fatta beslut å dina vägnar om du inte kan göra det. I detta ingår att utse en skiftesman för din dödsbo, som ska ansvara för att förvalta dina tillgångar och se till att dina önskemål förverkligas. Det innebär också att utse en fullmakt för att hantera ekonomiska och juridiska frågor och en sjukvårdsombud för att fatta medicinska beslut. Att välja dessa individer noggrant och se till att de är medvetna om sina roller och ansvar är avgörande för en smidig fastighetsförvaltningsprocess.

Fastighetsplanering hjälper också till att skydda dina nära och kära och tillgodose deras framtida behov. Genom att skapa ett testamente eller förtroende kan du se till att din familj får försörjning ekonomiskt och att dina tillgångar fördelas på ett sätt som stödjer deras välbefinnande. Du kan till exempel upprätta ett förtroende för att försörja minderåriga barn eller anhöriga, för att säkerställa att deras behov tillgodoses och att de får stöd tills de når vuxen ålder.

Fastighetsplanering kan också innehålla bestämmelser för förmånstagare med särskilda behov, vilket säkerställer att de får lämplig vård och stöd utan att äventyra deras rätt till statliga förmåner.

Att inte planera din dödsbo kan resultera i kostsamma och tidskrävande rättsliga tvister mellan dina arvingar. Utan en tydlig fastighetsplan kan det uppstå oenighet om fördelningen av dina tillgångar, vilket leder till potentiella konflikter och rättstvister. Fastighetsplanering ger klarhet och minskar sannolikheten för tvister genom att tydligt beskriva dina avsikter och tillhandahålla ett ramverk för att lösa eventuella problem. Detta kan bidra till att bevara familjens harmoni och säkerställa att din egendom förvaltas effektivt och enligt dina önskemål.

Dessutom är fastighetsplanering inte en engångshändelse utan en pågående process som kräver regelbunden granskning och uppdateringar. Förändringar i dina personliga omständigheter, såsom äktenskap, skilsmässa, barns födelse eller betydande ekonomiska förändringar, kan påverka din fastighetsplan och nödvändiggöra uppdateringar. Att regelbundet granska och uppdatera din fastighetsplan säkerställer att den förblir i linje med din nuvarande situation och fortsätter att återspegla dina önskemål korrekt.

För att börja fastighetsplanering, börja med att bedöma dina tillgångar och skulder och fundera över hur du vill att de ska fördelas. Rådgör med en fastighetsplaneringsadvokat för att hjälpa dig förstå de olika verktyg och strategier som finns tillgängliga, såsom testamenten, truster, fullmakter och förhandsdirektiv. En advokat kan hjälpa dig att navigera i den juridiska komplexiteten i fastighetsplanering, se till att dina dokument är korrekt utarbetade och utförda och ge vägledning om hur du minimerar skatter och skyddar dina tillgångar.

Sammanfattningsvis kan en felaktig bedömning av vikten av fastighetsplanering få allvarliga konsekvenser för ditt ekonomiska arv och dina nära och käras välbefinnande. Genom att förstå betydelsen av fastighetsplanering och genomföra en övergripande plan kan du säkerställa att dina tillgångar fördelas enligt dina önskemål, minimera skattekonsekvenserna och ge tydlig vägledning för medicinska och ekonomiska beslut. Fastighetsplanering hjälper till att skydda din familj, minska rättsliga tvister och se till att ditt arv hanteras på ett sätt som återspeglar dina värderingar och mål. Att ta sig tid att skapa och underhålla en effektiv fastighetsplan är ett viktigt steg för att säkra din ekonomiska framtid och framtiden för dina nära och kära.

Underskattning av effekten av bostadskostnader

Att underskatta effekten av boendekostnader kan avsevärt undergräva din ekonomiska stabilitet och din pensionsplanering. Bostadskostnader, som inkluderar bolånebetalningar, fastighetsskatter, underhåll och verktyg, utgör ofta en betydande del av ett hushålls budget. För pensionärer kan dessa kostnader vara ännu mer uttalade, vilket påverkar din totala ekonomiska trygghet och livskvalitet. Att noggrant bedöma och planera för boendekostnader är avgörande för att säkerställa att du har en stabil ekonomisk grund under hela pensioneringen.

En av de primära problemen med att underskatta bostadskostnaderna är att det kan leda till en orealistisk syn på dina ekonomiska krav i pensionen. Många människor kan fokusera på sina omedelbara behov och önskemål och försummar att överväga de långsiktiga konsekvenserna av bostadskostnader. Som ett resultat kan pensionärer få otillräckliga resurser för att täcka sina levnadskostnader, särskilt om deras bostadskostnader visar sig vara högre än väntat.

Bolånebetalningar kan vara en betydande ekonomisk börda, särskilt om du går i pension med ett utestående bolån. Även om många individer strävar efter att betala av sina bolån innan de går i pension, uppnås inte alltid detta mål. För dem som fortsätter att bära bolån till pensionen kan de månatliga betalningarna förbruka en stor del av deras fasta inkomst. Om dessa betalningar är högre än förväntat eller om räntorna fluktuerar kan det anstränga din budget och minska din ekonomiska flexibilitet.

Fastighetsskatter är en annan avgörande faktor. Dessa skatter kan variera avsevärt beroende på läget och värdet på din fastighet. I takt med att fastighetsvärdena stiger ökar också fastighetsskatterna, vilket kan leda till ökade utgifter. Att underskatta potentialen för stigande fastighetsskatter kan skapa ekonomisk press, särskilt om din pensionsinkomst inte anpassas proportionellt för att täcka dessa merkostnader.

Underhålls- och reparationskostnader för ditt hem kan också vara betydande och förbises ofta i pensionsplaneringen. Hem kräver regelbundet underhåll, inklusive reparationer, renoveringar och allmänt underhåll, vilket kan öka med tiden. Dessa kostnader kan vara särskilt betungande om du äger en äldre bostad eller om oväntade problem uppstår. Att inte ta hänsyn till dessa utgifter kan leda till ekonomiska påfrestningar, eftersom du kan behöva fördjupa dig i besparingar eller skära ner på andra delar av din budget.

Verktyg och andra pågående utgifter förknippade med husägande, såsom försäkringar och avgifter för husägarföreningar (HOA), kan också ha en betydande inverkan på din pensionsbudget. Verktygskostnaderna kan fluktuera baserat på användning och marknadspriser, och HOA-avgifter kan variera beroende på de tjänster som tillhandahålls av föreningen. Att noggrant uppskatta dessa kostnader och införliva dem i din pensionsplan är viktigt för att undvika ekonomiska överraskningar.

En annan faktor är det potentiella behovet av bostadsanpassningar när du åldras. Många pensionärer möter så småningom behovet av att ändra sina boendeformer på grund av förändringar i hälsa, rörlighet eller livsstilspreferenser. Detta kan betyda neddragning till ett mindre hem, flytta till ett annat område eller flytta till ett pensionärssamhälle. Vart och ett av dessa alternativ kommer med sin egen uppsättning kostnader, inklusive flyttkostnader, nya fastighetsskatter och potentiella förändringar i underhållskrav. Att underskatta dessa framtida bostadsbehov kan påverka dina ekonomiska planer och pensionskvalitet.

För att effektivt hantera och planera för boendekostnader vid pensionering, börja med att göra en grundlig bedömning av dina nuvarande och framtida boendekostnader. Granska dina bolånebetalningar, fastighetsskatter, försäkrings-, underhålls- och energikostnader för att bestämma en realistisk uppskattning av vad du kommer att behöva för att täcka dessa utgifter när du går i pension. Tänk på faktorer som inflation och potentiella förändringar i fastighetsvärden som kan påverka dessa kostnader.

Inkludera dessa uppskattningar i din övergripande pensionsbudget och ekonomiska plan. Se till att du har tillräckliga resurser för att täcka boendekostnader vid sidan av andra pensionsbehov, såsom sjukvård, resor och dagliga levnadskostnader. Att skapa en detaljerad budget som inkluderar alla potentiella bostadsrelaterade utgifter hjälper dig att utveckla en mer korrekt bild av dina ekonomiska behov och identifiera eventuella brister.

Om du räknar med att bostadskostnaderna kommer att vara ett stort problem vid pensionering, utforska alternativ för att minska dessa utgifter. Det kan innebära att du betalar av ditt bolån innan du går i pension, överväger billigare boendealternativ eller planerar för framtida anpassningar av ditt boende. Dessutom kan bygga en beredskapsfond specifikt för bostadsrelaterade utgifter ge en ekonomisk stötdämpning och hjälpa dig att hantera oväntade kostnader.

Att samråda med en finansiell rådgivare kan också vara fördelaktigt för att ta itu med bostadskostnader som en del av din pensionsplanering. En rådgivare kan hjälpa dig att utveckla strategier för att hantera dessa utgifter, utforska alternativ för att optimera din bostadssituation och se till att din ekonomiska plan tar hänsyn till alla relevanta faktorer.

Sammanfattningsvis kan underskattning av effekterna av boendekostnader få betydande konsekvenser för din pensionsplanering och ekonomiska stabilitet. Genom att noggrant bedöma och planera för boendeutgifter, inklusive bolånebetalningar, fastighetsskatter, underhåll och verktyg, kan du utveckla en mer realistisk pensionsbudget och undvika ekonomiska påfrestningar. Korrekt planering och hantering av boendekostnader är avgörande för att säkerställa en stabil och bekväm pension, så att du kan njuta av dina senare år utan onödig ekonomisk stress.

Ignorera livsstilsförändringar vid pensionering

Att ignorera livsstilsförändringar vid pensionering kan ha djupgående effekter på både din ekonomiska stabilitet och ditt allmänna välbefinnande. Pensionering är inte bara en fas i livet där arbetet upphör; det är en övergång som ofta medför betydande förändringar i dagliga rutiner, aktiviteter och ekonomiska behov. Att inte förutse och planera för dessa livsstilsförändringar kan leda till ekonomisk stress, missnöje och minskad livskvalitet. Att ta itu med potentiella livsstilsförändringar är avgörande för att säkerställa en smidig och tillfredsställande pension.

En av de mest anmärkningsvärda livsstilsförändringarna vid pensionering är övergången från en strukturerad arbetsrutin till ett mer flexibelt dagligt schema. Förlusten av ett vanligt jobb kan skapa ett tomrum som måste fyllas med meningsfulla aktiviteter och hobbyer. Utan tillräcklig planering kan pensionärer kämpa med tristess, förlust av syfte eller social isolering, vilket kan påverka deras mentala och känslomässiga välbefinnande. Det är viktigt att tänka på hur du kommer att spendera din tid i pension och att etablera aktiviteter och sociala kontakter som ger tillfredsställelse och engagemang.

Ekonomiskt medför pensionering ofta förändringar i utgiftsmönster. Medan vissa utgifter, såsom pendlingskostnader eller arbetsrelaterade utgifter, kan minska, kan andra öka. Till exempel kan pensionärer spendera mer på resor, fritidsaktiviteter eller hobbyer. Sjukvårdskostnader, som kan stiga avsevärt när du åldras, måste också beaktas. Att planera för dessa livsstilsrelaterade utgifter säkerställer att du har de ekonomiska resurserna för att stödja din önskade livsstil utan att kompromissa med din långsiktiga finansiella stabilitet.

Sjukvårdsbehoven förändras vanligtvis vid pensionering, vilket kräver noggrant övervägande och planering. När du åldras kan du möta ökade medicinska kostnader, inklusive rutinkontroller, receptbelagda mediciner och potentiellt mer betydande hälsoinsatser. Att ignorera dessa potentiella kostnader kan leda till ekonomiska påfrestningar och oväntade utgifter. Planering för sjukvårdskostnader innebär inte bara att förstå täckningen som tillhandahålls av sjukförsäkringen eller statliga program utan också att budgetera för egna utgifter och potentiella behov av långtidsvård.

En annan betydande livsstilsförändring är det potentiella behovet av omlokalisering eller neddragning. Många pensionärer väljer att flytta till ett nytt hem eller ett annat geografiskt område som bättre passar deras behov eller preferenser. Det kan bero på en önskan om ett mer hanterbart hem, närhet till familjen eller ett klimat som stödjer en önskad livsstil. Omlokalisering eller neddragning innebär olika kostnader, inklusive flyttkostnader, förändringar av fastighetsskatter och eventuellt nytt underhållsansvar. Rätt planering för dessa förändringar hjälper till att säkerställa att du har råd med övergången och smidigt anpassar dig till en ny livssituation.

Sociala förändringar är också en vanlig aspekt av pensionering. När du lämnar arbetskraften kan ditt sociala nätverk förändras, och du kan behöva hitta nya sätt att upprätthålla och bygga sociala kontakter. Att etablera nya vänskapsband, gå med i klubbar eller organisationer och engagera sig i samhällsaktiviteter kan bidra till att förebygga känslor av isolering och bidra till en tillfredsställande pensionsupplevelse. Att ignorera de sociala aspekterna av pensionering kan leda till ensamhet och minskad livskvalitet.

Pensionering kan också medföra förändringar i familjens dynamik. Du kanske tar på dig nya roller, som att ta hand om åldrande föräldrar eller stödja vuxna barn. Dessa ansvarsområden kan påverka din tid, energi och ekonomi. Att planera för dessa potentiella förändringar innebär att förstå hur de kan påverka dina pensionsplaner och att göra justeringar av din budget och schema efter behov.

För att effektivt ta itu med livsstilsförändringar vid pensionering, börja med att föreställa dig din idealiska pension och identifiera de aktiviteter och upplevelser som är viktiga för dig. Fundera över hur du vill spendera din tid, var du kanske vill bo och vilka sociala kontakter du vill behålla eller bygga. Utveckla en omfattande pensionsplan som inte bara inkluderar ekonomiska aspekter utan även livsstilsöverväganden.

Skapa en detaljerad budget som återspeglar dina förväntade pensionskostnader, inklusive eventuella förändringar i utgiftsmönster relaterade till nya aktiviteter, sjukvårdsbehov och potentiella flyttkostnader. Ta hänsyn till potentiella ökningar av levnadskostnader och se till att du har tillräckliga ekonomiska resurser för att stödja din önskade livsstil.

Tänk dessutom på hur du kommer att hantera din tid och förbli engagerad. Planera för hobbyer, volontärarbete eller andra aktiviteter som ger en känsla av syfte och tillfredsställelse. Utforska sätt att hålla sig socialt ansluten och involverad i ditt samhälle för att upprätthålla ett starkt socialt nätverk.

Att samråda med en finansiell rådgivare kan också ge värdefullt stöd för att hantera livsstilsförändringar. En rådgivare kan hjälpa dig att bedöma din ekonomiska beredskap för pensionering, planera för förväntade livsstilskostnader och justera din pensionsstrategi efter behov. De kan också ge vägledning om hantering av sjukvårdskostnader och förberedelser för potentiella förändringar i din livssituation.

Sammanfattningsvis kan en ignorering av livsstilsförändringar vid pensionering leda till ekonomiska svårigheter, missnöje och försämrad livskvalitet. Genom att förutse och planera för dessa förändringar, inklusive förändringar i dagliga rutiner, utgiftsmönster, vårdbehov och sociala kontakter, kan du skapa en mer omfattande och tillfredsställande pensionsplan. Att ta itu med dessa aspekter säkerställer att du får en stabil och tillfredsställande pension, vilket gör att du kan få ut det mesta av denna nya fas i livet.

Misslyckas med att planera för erforderliga minimiutdelningar

Att misslyckas med att planera för erforderliga minimiutdelningar (RMD) kan leda till oavsiktliga skattekonsekvenser och finansiell ineffektivitet, särskilt om du har betydande pensionssparande på skatteuppskjutna konton som pensioner eller pensionssparplaner. RMD är minimibeloppen som måste tas ut från vissa typer av pensionskonton när du når en viss ålder. Att inte hantera dessa uttag på rätt sätt kan resultera i onödiga skatteskulder och minskad ekonomisk flexibilitet under pensioneringen.

Kravet på RMD börjar i allmänhet när du når en viss ålder, vilket kan variera beroende på landets specifika regler. I många länder är åldern då RMD måste börja 70 eller 72, men detta kan skilja sig beroende på lokala lagar. Underlåtenhet att ta dessa utdelningar som krävs kan leda till rejäla straffavgifter, som ofta är en procentandel av det belopp som borde ha tagits ut. Dessa påföljder kan avsevärt minska ditt pensionssparande och skapa ytterligare ekonomiska påfrestningar.

En av de primära konsekvenserna av att inte planera för RMD är risken för oväntade skatteskulder. RMD:er betraktas i allmänhet som skattepliktig inkomst, och det uttagna beloppet måste inkluderas i din årsinkomst för skatteändamål. Om du inte är beredd på dessa uttag kan du ställas inför en högre skatteräkning än väntat, vilket kan påverka din övergripande finansiella strategi. Korrekt planering innebär att uppskatta effekten av RMD på din skattesituation och justera dina uttag och andra ekonomiska beslut därefter.

Ett annat problem med att misslyckas med att planera för RMD är den potentiella inverkan på ditt långsiktiga pensionssparande. Om du inte hanterar dina RMDs på ett effektivt sätt kan det sluta med att du tar ut mer än nödvändigt, vilket kan minska ditt saldo på ditt pensionskonto och minska tillväxtpotentialen för dina investeringar.

Omvänt, om du inte tar ut tillräckligt mycket för att uppfylla minimikraven, kan du drabbas av betydande påföljder och ytterligare skattebördor. Att balansera dessa uttag för att säkerställa efterlevnad av regler och samtidigt bevara dina pensionssparande är avgörande för att upprätthålla långsiktig finansiell stabilitet.

Dessutom kan felaktig planering för RMD påverka din övergripande pensionsinkomststrategi. RMD:er kan påverka dina kassaflödesbehov och påverka hur du allokerar dina investeringar. Till exempel, om du behöver ta ut mer pengar för att uppfylla RMD-kraven, kan du bli tvungen att sälja investeringar vid en olämplig tidpunkt, vilket potentiellt kan resultera i lägre avkastning eller kapitalvinstskatt. Noggrann planering gör att du kan anpassa dina RMDs med din övergripande investeringsstrategi och minimera effekten på din portfölj.

För att undvika dessa problem är det viktigt att förstå RMD-reglerna och kraven som är specifika för ditt land. Börja med att bestämma den ålder vid vilken RMDs måste börja och beräkna de nödvändiga minimibeloppen baserat på ditt pensionskontosaldo. Många finansinstitut tillhandahåller RMD-kalkylatorer eller kalkylblad som kan hjälpa dig att uppskatta de belopp du behöver ta ut.

Inkludera RMD-planering i din övergripande pensionsstrategi genom att överväga hur dessa utdelningar kommer att påverka din skattesituation och dina ekonomiska mål. Granska dina pensionskonton regelbundet för att säkerställa att du uppfyller RMD-kraven och justera dina uttag efter behov för att förbli kompatibla. Dessutom, överväg att arbeta med en finansiell rådgivare eller skatteexpert som kan ge vägledning om att hantera RMD och optimera din pensionsinkomststrategi.

Utforska alternativ för att minimera skatteeffekten av RMD. Du kan till exempel överväga strategier som skatteeffektiva uttag, bidrag till välgörenhet eller använda skatteuppskjutna konton för att hantera din skattepliktiga inkomst. Vissa länder erbjuder skatteförmåner för donationer till välgörenhet som görs direkt från pensionskonton, vilket kan hjälpa till att minska din skattepliktiga inkomst och samtidigt uppfylla dina RMD-krav.

Sammanfattningsvis kan misslyckas med att planera för erforderliga minimiutdelningar resultera i oväntade skatteskulder, minskat pensionssparande och ekonomisk ineffektivitet. Genom att förstå RMD-reglerna, beräkna de erforderliga beloppen och införliva RMD-planering i din övergripande pensionsstrategi kan du hantera dessa utdelningar effektivt och upprätthålla långsiktig finansiell stabilitet. Rätt planering säkerställer att du uppfyller myndighetskrav, optimerar din skattesituation och bevarar ditt pensionssparande för en trygg och tillfredsställande pension.

Att inte sätta upp tydliga pensionsmål

Att inte sätta tydliga pensionsmål kan leda till osäkerhet, missade möjligheter och bristande riktning i din pensionsplanering. Tydliga mål ger en färdplan för att fatta välgrundade ekonomiska beslut, vägleda dina sparstrategier och hjälpa dig att uppnå en tillfredsställande och säker pension. Utan väldefinierade mål kan du kämpa för att hålla dig på rätt spår, uppleva ekonomiska brister eller misslyckas med att få ut det mesta av dina pensionsår.

En av de viktigaste anledningarna till att sätta tydliga pensionsmål är att skapa en konkret vision om vad du vill uppnå i pensionen. Detta inkluderar att definiera din önskade livsstil, boendearrangemang, aktiviteter och ekonomiska behov. Utan en tydlig vision kan du tycka att det är utmanande att utveckla en omfattande pensionsplan som är i linje med dina förväntningar och ambitioner. Genom att sätta upp specifika mål kan du prioritera ditt sparande, allokera resurser effektivt och göra välgrundade val om hur du ska spendera dina pensionsår.

Tydliga pensionsmål hjälper också till att avgöra hur mycket du behöver spara och investera för att uppnå din önskade pensionslivsstil. Genom att identifiera dina ekonomiska behov och mål kan du uppskatta hur mycket besparingar som krävs för att stödja dina planer. Det handlar om att beräkna dina förväntade utgifter, såsom boende, sjukvård, resor och fritidsaktiviteter, och bestämma hur mycket du behöver spara för att täcka dessa kostnader. Utan tydliga mål kan du antingen överspara, vilket leder till onödiga uppoffringar i din nuvarande livsstil, eller underspara, riskera ekonomisk osäkerhet i pensionen.

Genom att ha specifika pensionsmål kan du dessutom skapa en strukturerad och handlingsbar sparplan. Mål ger motivation och en känsla av syfte, vilket gör det lättare att hålla fast vid din sparstrategi. De hjälper dig att sätta milstolpar och spåra dina framsteg, så att du kan göra justeringar efter behov och hålla kursen. Utan tydliga mål kan det vara utmanande att upprätthålla disciplin och fokus, vilket leder till inkonsekvenser i dina sparinsatser och potentiella förseningar i att nå dina pensionsmål.

Att sätta upp tydliga mål hjälper också till att utvärdera och välja lämpliga investeringsstrategier. Olika pensionsmål kan kräva olika investeringsstrategier. Till exempel, om ditt mål är att gå i pension i förtid, kan du behöva anta en mer aggressiv investeringsstrategi för att samla de nödvändiga medlen. Omvänt, om ditt mål är att gå i pension senare och njuta av en mer konservativ livsstil, kan en annan investeringsstrategi vara mer lämplig. Tydliga mål ger ramarna för att fatta dessa strategiska beslut och se till att dina investeringar överensstämmer med dina pensionsplaner.

Dessutom underlättar väldefinierade pensionsmål bättre beslutsfattande när det gäller livsstilsval och ekonomiska prioriteringar. Till exempel, om ditt mål är att resa mycket under pensioneringen, kan du behöva budgetera mer för resekostnader och justera andra utgiftsprioriteringar. Omvänt, om ditt mål är att minska ditt hem och minska levnadskostnaderna, kan du planera för relaterade kostnader och fördelar. Tydliga mål hjälper dig att göra välgrundade val och se till att dina pensionsplaner är realistiska och genomförbara.

Att inte sätta tydliga pensionsmål kan också leda till missade möjligheter att optimera ditt pensionssparande och investeringsstrategier. Mål hjälper dig att identifiera och dra nytta av möjligheter som skatteeffektiva investeringskonton, arbetsgivares pensionsplaner och andra finansiella instrument. Utan specifika mål kan du förbise dessa möjligheter eller misslyckas med att utnyttja dem effektivt, vilket potentiellt påverkar din långsiktiga ekonomiska säkerhet.

För att sätta tydliga pensionsmål, börja med att föreställa dig din idealiska pension och identifiera vad du vill uppnå. Tänk på faktorer som din önskade livsstil, boendearrangemang, resplaner och andra aktiviteter som är viktiga för dig. Utvärdera dina ekonomiska behov och uppskatta kostnaderna för dina mål. Utveckla en spar- och investeringsplan som är i linje med dina mål och ger en färdplan för att nå dina önskade pensionsutfall.

Se över och uppdatera dina pensionsmål regelbundet för att återspegla förändringar i dina omständigheter, prioriteringar och ekonomiska situation. Livshändelser som äktenskap, skilsmässa, barns födelse eller förändringar i hälsa kan påverka dina mål och kräva justeringar av din pensionsplan. Genom att vara flexibel och anpassa dina mål efter behov kan du säkerställa att dina pensionsplaner förblir relevanta och genomförbara.

Att samråda med en finansiell rådgivare kan också ge värdefullt stöd för att sätta upp och uppnå dina pensionsmål. En rådgivare kan hjälpa dig att bedöma din ekonomiska situation, definiera dina mål och utveckla en omfattande plan för att nå dem. De kan ge vägledning om investeringsstrategier, sparplaner och andra aspekter av pensionsplanering, vilket hjälper dig att fatta välgrundade beslut och hålla dig på rätt spår.

Sammanfattningsvis, att inte sätta tydliga pensionsmål kan leda till osäkerhet, missade möjligheter och ekonomiska utmaningar. Genom att definiera dina mål och skapa en strukturerad plan för att uppnå dem kan du säkerställa att din pension blir tillfredsställande och trygg. Tydliga mål ger riktning, motivation och ett ramverk för att fatta välgrundade ekonomiska beslut, vilket hjälper dig att optimera dina besparingar, investeringar och livsstilsval. Att ta sig tid att sätta upp och se över dina pensionsmål är avgörande för att uppnå en framgångsrik och njutbar pension.

Med utsikt över värdet av kontinuerligt lärande

Att förbise värdet av kontinuerligt lärande kan ha betydande konsekvenser för din pensionsupplevelse och ditt allmänna välbefinnande. Kontinuerligt lärande – processen att ständigt utveckla nya färdigheter, skaffa kunskap och förbli intellektuellt engagerad – kan avsevärt förbättra din livskvalitet, särskilt under pensioneringen. Att ignorera denna aspekt av personlig utveckling kan leda till missade möjligheter till tillväxt, minskad mental hälsa och minskad tillfredsställelse under dina pensionsår.

En av de främsta fördelarna med kontinuerligt lärande är den positiva inverkan det har på mental hälsa och kognitiv funktion. Att engagera sig i livslångt lärande hjälper till att hålla ditt sinne aktivt och skarpt, vilket är avgörande när du åldras. Studier har visat att mental stimulans genom inlärningsaktiviteter kan hjälpa till att fördröja kognitiv nedgång och minska risken för att utveckla tillstånd som demens och Alzheimers sjukdom. Genom att kontinuerligt utmana din hjärna med ny information och färdigheter kan du bibehålla kognitiv vitalitet och stödja hjärnans övergripande hälsa under hela pensioneringen.

Kontinuerligt lärande bidrar också till personlig utveckling och självförverkligande. Pensionering ger ofta möjlighet att utforska nya intressen och passioner som inte var genomförbara under dina arbetsår. Oavsett om det handlar om att lära sig ett nytt språk, plocka upp ett musikinstrument eller ta upp en ny hobby, kan engagera sig i dessa aktiviteter ge en känsla av prestation och glädje. Att utöva nya intressen kan också erbjuda en känsla av syfte och tillfredsställelse, vilket är viktigt för att upprätthålla en positiv syn och övergripande välbefinnande.

Dessutom kan kontinuerligt lärande förbättra dina sociala interaktioner och relationer. Många inlärningsmöjligheter, som lektioner, workshops eller gruppaktiviteter, involverar social interaktion och samarbete med andra. Dessa erfarenheter kan hjälpa dig att bygga nya vänskaper, stärka befintliga relationer och hålla dig socialt engagerad. Sociala kontakter är avgörande för känslomässigt stöd och för att minska känslor av isolering, vilket kan vara särskilt viktigt vid pensionering när sociala kretsar kan förändras.

Utöver personliga fördelar kan kontinuerligt lärande också ha praktiska fördelar. Att förvärva nya färdigheter och kunskaper kan öppna dörrar till nya möjligheter, oavsett om de är relaterade till deltidsarbete, volontärverksamhet eller personliga projekt. Om du till exempel lär dig nya tekniska färdigheter kan du bidra till samhällsinitiativ eller utöva frilansmöjligheter. Genom att hålla dig uppdaterad med nya utvecklingar och trender kan du förbli anpassningsbar och lyhörd för förändringar, vilket förbättrar din förmåga att engagera dig i världen omkring dig.

Kontinuerligt lärande hjälper dig också att förbli intellektuellt nyfiken och engagerad. Det främjar en känsla av utforskande och upptäckter, och uppmuntrar dig att söka nya upplevelser och perspektiv. Denna intellektuella nyfikenhet kan leda till en rikare och mer mångsidig pensionsupplevelse när du fortsätter att utmana dig själv och vidga dina vyer. Att anamma ett livslångt lärande håller dig aktiv och engagerad, vilket bidrar till en mer tillfredsställande och dynamisk pension.

För att integrera kontinuerligt lärande i din pension, börja med att identifiera intresseområden eller ämnen som du alltid har velat utforska. Överväg att ta kurser, delta i workshops eller delta i onlineutbildningsplattformar som passar dina intressen. Många utbildningsinstitutioner och samhällsorganisationer erbjuder program speciellt utformade för pensionärer, som ger möjligheter till lärande och social interaktion.

Sätt upp personliga mål för lärande och utveckling och skapa en plan för att uppnå dem. Detta kan inkludera att varje vecka ägna tid åt lärandeaktiviteter, gå med i klubbar eller grupper som är relaterade till dina intressen, eller utöva formella utbildningsmöjligheter. Utvärdera regelbundet dina framsteg och justera dina inlärningsmål efter behov för att förbli motiverad och engagerad.

Sök dessutom efter resurser och verktyg som stödjer livslångt lärande. Många onlineplattformar, bibliotek och samhällscenter erbjuder en mängd utbildningsmaterial och möjligheter. Utforska dessa resurser för att hitta lärandeupplevelser som resonerar med dig och bidrar till din personliga tillväxt.

Sammanfattningsvis, att förbise värdet av kontinuerligt lärande kan begränsa din potential för personlig tillväxt, mental stimulans och övergripande tillfredsställelse vid pensionering. Genom att anamma ett livslångt lärande kan du förbättra din kognitiva hälsa, utforska nya intressen, bygga sociala kontakter och förbli intellektuellt engagerad. Att införliva kontinuerligt lärande i din pensionsplan bidrar till en rikare, mer tillfredsställande upplevelse och stödjer ditt övergripande välbefinnande när du navigerar i denna nya fas av livet.

Förlitar sig för mycket på arv

Att förlita sig för mycket på arv som en primär komponent i din pensionsplan kan leda till betydande ekonomisk osäkerhet och potentiell besvikelse. Arv, även om det ofta är en värdefull tillgång, bör inte vara hörnstenen i din pensionsstrategi. Att förlita sig otillbörligt på förväntningarna om att få ett arv kan leda till flera risker och utmaningar, vilket potentiellt äventyrar din ekonomiska trygghet och din totala pensionsupplevelse.

En av huvudproblemen med att vara starkt beroende av arv är osäkerheten kring dess aktualisering. Tidpunkten, mängden och villkoren för ett arv kan vara oförutsägbara och föremål för olika faktorer utanför din kontroll. Till exempel kan förändringar i välgörarens ekonomiska situation, rättsliga tvister eller oförutsedda utgifter påverka storleken och tidpunkten för arvet. Denna osäkerhet kan skapa en prekär ekonomisk situation om du har baserat dina pensionsplaner på förväntan om att få dessa medel.

Att förlita sig på arv kan dessutom leda till otillräcklig planering för dina egna ekonomiska behov. Om du antar att ett arv kommer att täcka betydande delar av dina pensionskostnader, kan du försumma att spara och investera tillräckligt under dina arbetsår. Detta kan resultera i otillräckliga resurser för att stödja din önskade livsstil, vilket gör dig sårbar för ekonomiska underskott om arvet inte blir som förväntat.

Ett annat potentiellt problem är att arvet kanske inte helt motsvarar dina behov eller förväntningar. Även om du får ett arv kanske det inte är så stort som förväntat eller kan komma med villkor som begränsar användningen. Detta kan skapa ekonomiska påfrestningar och tvinga dig att anpassa dina pensionsplaner eller livsstil på sätt som inte var tänkt från början.

Övertroende på arv kan också påverka ditt ekonomiska oberoende och ditt beslutsfattande. Om du räknar med att ett arv ska ge en betydande del av din pensionsinkomst, kan du fatta ekonomiska beslut som är mindre försiktiga eller mer riskfyllda, i tron att arvet täcker eventuella underskott. Detta tänkesätt kan leda till dåliga investeringsval, överdrivna utgifter eller andra ekonomiska beteenden som kan äventyra din långsiktiga stabilitet.

För att mildra dessa risker är det viktigt att utveckla en omfattande pensionsplan som inte enbart förlitar sig på förväntningarna på arv. Fokusera på att bygga din egen ekonomiska säkerhet genom regelbundna besparingar, investeringar och försiktig ekonomisk förvaltning. Upprätta en tydlig pensionsstrategi som inkluderar att skapa en akutfond, planera för sjukvårdskostnader och diversifiera din investeringsportfölj för att säkerställa att du är förberedd för olika scenarier.

Överväg att diskutera arvsplaner med din familj och din ekonomiska rådgivare för att få en tydligare förståelse för vad du kan förvänta dig. Öppen kommunikation om ekonomiska frågor kan hjälpa dig att hantera förväntningar och planera mer effektivt. Att arbeta med en finansiell rådgivare kan dessutom ge värdefulla insikter och strategier för att hantera ditt pensionssparande och se till att du är väl förberedd för framtiden.

Sammanfattningsvis kan det leda till finansiell instabilitet och besvikelse att förlita sig för mycket på arv som en hörnsten i din pensionsplan. Genom att fokusera på att bygga upp dina egna ekonomiska resurser och utveckla en heltäckande pensionsstrategi kan du minska ditt beroende av osäkra faktorer och säkerställa en tryggare och mer tillfredsställande pension.

Missförståelse av livräntans roll

Att missförstå livräntans roll kan leda till suboptimala ekonomiska beslut och missade möjligheter att förbättra pensionssäkerheten. Livränta är finansiella produkter utformade för att ge en stadig inkomstström, ofta för pensionering. Men deras komplexitet och variation kan göra dem utmanande att förstå fullt ut. Utan en klar förståelse kan individer antingen förbise fördelarna med livränta eller missbruka dem på ett sätt som inte överensstämmer med deras ekonomiska mål.

Livränta finns i flera former, inklusive fasta, rörliga och omedelbara livräntor, var och en med sina egna egenskaper och fördelar. En fast livränta ger garanterad avkastning och regelbundna inkomstutbetalningar under en viss period eller för resten av livräntetagarens liv. En rörlig livränta tillåter investeringar i olika värdepapper, med inkomstbetalningar som varierar beroende på resultatet av de underliggande investeringarna. En omedelbar livränta påbörjar utbetalningar nästan omedelbart efter att ett engångsbelopp har investerats, medan en uppskjuten livränta startar utbetalningar vid ett framtida datum. Missförstånd av dessa typer kan leda till att du väljer en livränta som inte motsvarar dina behov eller förväntningar.

En vanlig missuppfattning om livräntor är att de är en enhetlig lösning för pensionsinkomster. I verkligheten bör livräntor väljas utifrån individuella ekonomiska mål, risktolerans och pensionsbehov. Till exempel kan fasta livräntor ge förutsägbar inkomst och trygghet men kan ge lägre avkastning jämfört med andra investeringsalternativ. Å andra sidan erbjuder rörliga livräntor potential för högre avkastning men kommer med större investeringsrisk och komplexitet. Att missförstå dessa nyanser kan resultera i att man väljer en livränta som inte ger den önskade balansen mellan risk och avkastning.

Ett annat missförstånd handlar om de avgifter och avgifter som är förknippade med livräntor. Livräntor kommer ofta med olika avgifter, inklusive administrativa avgifter, dödlighets- och kostnadsavgifter och investeringsförvaltningsavgifter. Dessa avgifter kan minska den totala avkastningen på investeringen och påverka den mottagna nettoinkomsten. Att inte redovisa och redovisa dessa avgifter kan leda till oväntade kostnader och minskade ekonomiska fördelar.

Vissa individer kan också missförstå likviditetsbegränsningarna för livräntor. Livräntor är i allmänhet utformade för långsiktig inkomsttrygghet, och tillgång till medel före livränteperioden kan resultera i straffavgifter eller minskad avkastning. Om du behöver tillgång till en del av dina besparingar för nödsituationer eller andra behov, kan det begränsa din ekonomiska flexibilitet om du förlitar dig för mycket på livräntor. Det är viktigt att balansera användningen av livränta med andra likvida investeringar för att säkerställa att du har tillräcklig tillgång till medel när det behövs.

Dessutom missförstås ofta livräntans roll i fastighetsplaneringen. Även om livräntor kan ge tillförlitlig inkomst, kan de inte alltid erbjuda fördelaktiga fastighetsplaneringsförmåner. Vissa livräntor överför inte förmåner till arvingar, eftersom utbetalningarna upphör vid livräntetagarens död, om inte särskilda bestämmelser görs. Att förstå hur livräntor passar in i din övergripande fastighetsplan är avgörande för att säkerställa att dina tillgångar fördelas enligt dina önskemål.

För att effektivt använda livräntor, börja med att få en grundlig förståelse för deras funktioner och hur de överensstämmer med dina ekonomiska mål. Bedöm dina pensionsbehov, inklusive inkomstkrav, risktolerans och likviditetsbehov, och överväg hur livräntor kan komplettera andra investeringsstrategier. Undersök de olika typerna av livränta, deras tillhörande avgifter och deras inverkan på din övergripande ekonomiska plan.

Att konsultera med en finansiell rådgivare kan också vara fördelaktigt för att förstå och välja rätt livränta för din situation. En rådgivare kan ge insikter om fördelarna och nackdelarna med olika livräntor, hjälpa dig att utvärdera deras lämplighet utifrån dina ekonomiska mål och se till att du är medveten om alla relaterade kostnader och konsekvenser.

Sammanfattningsvis kan missförståelse av livräntas roll leda till dåliga ekonomiska beslut och missade möjligheter att förbättra pensionssäkerheten. Genom att få en tydlig förståelse för de olika typerna av livräntor, deras fördelar och deras begränsningar kan du göra välgrundade val som ligger i linje med dina ekonomiska mål. Att korrekt integrera livräntor i din pensionsstrategi kan ge värdefull inkomststabilitet och bidra till en säker och tillfredsställande pension.

Misslyckas med att justera för marknadsvolatilitet

Att misslyckas med att anpassa sig för marknadsvolatilitet kan avsevärt påverka ditt pensionssparande och finansiella stabilitet. Marknadsvolatilitet hänvisar till fluktuationer i investeringspriser på grund av olika ekonomiska, politiska och finansiella faktorer. Även om dessa fluktuationer är en naturlig del av investeringar, kan inte planera för dem leda till oväntade förluster, minskad avkastning och ökad finansiell risk, särskilt när du närmar dig eller går i pension.

En av de primära riskerna med att inte justera för marknadsvolatilitet är risken för betydande förluster i din investeringsportfölj. Pensionärer litar ofta på sina investeringskonton för att ge inkomst och tillväxt under hela pensioneringen. Om din portfölj är kraftigt exponerad för volatila tillgångar utan ordentlig diversifiering eller riskhantering, kan nedgångar på marknaden leda till betydande förluster. Dessa förluster kan minska ditt pensionssparande, minska din förmåga att behålla din önskade livsstil och eventuellt kräva justeringar av dina utgifter eller pensionsplaner.

En annan konsekvens av att försumma att justera för marknadsvolatilitet är den ökade risken för risk för avkastningssekvenser. Risk för avkastningssekvens avser effekten av negativ marknadsavkastning som inträffar tidigt i pensioneringen på din portföljs livslängd. När du tar ut pengar från en investeringsportfölj under en marknadsnedgång kan det påskynda utarmningen av dina besparingar. Om din portfölj upplever betydande förluster i början av pensioneringen kan den kämpa för att återhämta sig, vilket leder till en högre risk att få slut på pengar senare.

Dessutom kan en misslyckad justering för marknadsvolatilitet leda till dåligt beslutsfattande under perioder av marknadsturbulens. Under nedgångar på marknaden kan det vara frestande att reagera känslomässigt och fatta förhastade investeringsbeslut, som att sälja av tillgångar med förlust eller gå över till mindre riskfyllda investeringar. Sådana beslut kan låsa in förluster och potentiellt gå miste om framtida marknadsåterhämtning. Korrekt justering för marknadsvolatilitet innebär att upprätthålla en disciplinerad investeringsstrategi och undvika känslomässiga reaktioner på kortsiktiga marknadsrörelser.

För att effektivt hantera marknadsvolatiliteten är det viktigt att implementera en diversifierad investeringsstrategi. Diversifiering innebär att du sprider dina investeringar över olika tillgångsklasser, sektorer och geografiska regioner för att minska effekten av en enskild investerings dåliga resultat på din totala portfölj. Genom att diversifiera kan du minska risken i samband med marknadsfluktuationer och förbättra stabiliteten i din investeringsavkastning.

En annan viktig strategi är att upprätthålla en lämplig tillgångsallokering baserat på din risktolerans, investeringsmål och tidshorisont. När du närmar dig pensionen är det generellt lämpligt att minska exponeringen mot högriskinvesteringar och öka allokeringen till mer stabila, inkomstgenererande tillgångar, såsom obligationer eller likvida medel. Denna justering kan hjälpa till att minska effekten av marknadsvolatilitet på din portfölj och ge mer förutsägbar avkastning.

Att regelbundet se över och ombalansera din investeringsportfölj är också avgörande för att hantera marknadsvolatiliteten. Med tiden kan marknadsfluktuationer göra att din tillgångsallokering förskjuts från din avsedda strategi. Ombalansering innebär att justera din portfölj tillbaka till dess målallokering, vilket säkerställer att du upprätthåller rätt risk- och avkastningsnivå. Denna process hjälper till att hantera volatilitet och håller din investeringsstrategi i linje med dina finansiella mål.

Dessutom kan en väldefinierad uttagsstrategi hjälpa till att mildra effekterna av marknadsvolatilitet. Att etablera ett systematiskt tillvägagångssätt för att ta ut pengar från din portfölj, till exempel att använda en hållbar uttagstakt, kan ge stabilitet och minska risken för att tömma ditt sparande under nedgångar på marknaden. Överväg att arbeta med en finansiell rådgivare för att utveckla en uttagsstrategi som tar hänsyn till marknadsvolatilitet och stödjer dina långsiktiga finansiella behov.

Sammanfattningsvis kan en misslyckad justering för marknadsvolatilitet leda till betydande risker och utmaningar i pensionsplaneringen. Genom att implementera en diversifierad investeringsstrategi, upprätthålla en lämplig tillgångsallokering, regelbundet ombalansera din portfölj och upprätta en sund uttagsstrategi kan du bättre hantera effekterna av marknadsfluktuationer och skydda dina pensionssparande. Att hantera marknadsvolatilitet på rätt sätt säkerställer att din investeringsstrategi förblir i linje med dina finansiella mål och stödjer en säker och stabil pensionering.

Överväger inte deltidsarbete eller alternativa inkomstströmmar

Att inte överväga deltidsarbete eller alternativa inkomstströmmar kan begränsa din ekonomiska flexibilitet och trygghet vid pensionering. Medan traditionella pensionsplaner ofta fokuserar på att spara och investera, kan inkorporering av ytterligare inkomstkällor ge extra ekonomisk stötdämpning, förbättra din levnadsstandard och erbjuda större flexibilitet för att hantera oväntade utgifter.

Deltidsarbete under pensioneringen kan vara ett värdefullt sätt att komplettera din inkomst och hålla dig engagerad. Många pensionärer upplever att att fortsätta arbeta deltid, även i en mindre krävande eller annorlunda roll, kan ge både ekonomiska fördelar och personlig tillfredsställelse. Det erbjuder en möjlighet att förbli aktiv, social och intellektuellt engagerad, vilket kan vara fördelaktigt för det övergripande välbefinnandet. Dessutom kan deltidsarbete bidra till att underlätta övergången från heltidsanställning till pension, vilket gör att du kan behålla en känsla av syfte och struktur.

Alternativa inkomstströmmar är en annan viktig faktor. Dessa kan inkludera hyresintäkter från egendom, investeringar i aktier som ger utdelning eller royalties från immateriell egendom som böcker eller patent. Att diversifiera dina inkomstkällor kan bidra till att minska beroendet av en enda intäktsström och ge stabilitet om en källa blir mindre tillförlitlig. Till exempel kan hyresintäkter ge ett konsekvent kassaflöde och kan öka i värde över tiden, medan investeringar i utdelningsaktier erbjuder regelbundna intäkter tillsammans med potential för kapitaltillväxt.

Att ignorera möjligheten till deltidsarbete eller alternativa inkomstströmmar kan leda till en mindre säker ekonomisk situation, särskilt om ditt primära pensionssparande är otillräckligt för att täcka din önskade livsstil. Genom att överväga ytterligare inkomstalternativ kan du öka din ekonomiska trygghet och minska risken att överleva dina besparingar. Det ger också en buffert mot ekonomiska nedgångar eller oväntade utgifter, vilket hjälper till att upprätthålla din finansiella stabilitet och sinnesfrid.

Att utvärdera möjligheter till deltidsarbete eller alternativa inkomstströmmar kräver noggrann planering och övervägande av dina färdigheter, intressen och tillgänglighet. Identifiera områden där du kan utnyttja dina befintliga färdigheter eller utforska nya intressen som kan generera intäkter. Om du till exempel har expertis inom ett visst område kan du överväga att konsultera eller frilansa. Om du gillar hobbyer som att pyssla eller skriva, kan du utforska sätt att tjäna pengar på dessa intressen.

Tänk dessutom på den potentiella inverkan av deltidsarbete eller alternativ inkomst på dina övergripande pensionsplaner och skattesituation. Att arbeta deltid kan påverka dina skatteskulder och pensionsförmåner, så det är viktigt att förstå dessa konsekvenser och planera därefter. Att konsultera med en finansiell rådgivare kan hjälpa dig att navigera i dessa överväganden och optimera din inkomststrategi.

Att införliva deltidsarbete eller alternativa inkomstströmmar i din pensionsplanering kan ge många fördelar, inklusive ökad ekonomisk flexibilitet, ökad säkerhet och personlig tillfredsställelse. Genom att utforska och implementera dessa alternativ kan du förbättra din finansiella stabilitet och njuta av en tryggare och njutbar pension.

Inte kommunicera dina pensionsplaner

Att inte kommunicera dina pensionsplaner kan leda till missförstånd, felaktiga förväntningar och onödiga komplikationer för både dig själv och dina nära och kära. Effektiv kommunikation om dina pensionsmål, finansiella strategi och preferenser är avgörande för att säkerställa att din pension utvecklas så smidigt som möjligt och att dina avsikter tydligt förstås av dem som kan påverkas av dina beslut.

En viktig fråga med att inte diskutera dina pensionsplaner är risken för konflikter eller förvirring bland familjemedlemmar. Pensionering innebär ofta beslut som påverkar mer än bara din personliga ekonomi, inklusive aspekter som boendearrangemang, fastighetsplanering och omsorg. Om dessa planer inte kommuniceras kan familjemedlemmar lämnas osäkra på sina roller, ansvar eller förväntningar. Detta kan leda till meningsskiljaktigheter, missförstånd och ansträngda relationer, särskilt om beslut måste fattas i en hast eller under stressiga omständigheter.

En annan konsekvens av dålig kommunikation är risken för ekonomisk felställning. Din pensionsstrategi kan involvera komplexa finansiella arrangemang, såsom investeringar, uttag av besparingar eller planer för tillgångsdistribution. Om din make eller familjemedlemmar inte är informerade om dessa planer kanske de inte helt förstår eller stöder dina ekonomiska beslut. Denna brist på anpassning kan resultera i ekonomisk misskötsel, missade möjligheter eller oförutsedda svårigheter, som att navigera i ekonomiska beslut utan din input.

Effektiv kommunikation om pensionsplaner hjälper också till att samordna vård- och stödarrangemang. När du närmar dig pensionen kan du behöva hjälp med uppgifter, sjukvård eller dagliga aktiviteter. Om dina planer och behov inte är tydligt kommunicerade kan det vara en utmaning för familjemedlemmar att ge rätt nivå av stöd. Tydlig kommunikation säkerställer att alla inblandade är medvetna om sitt ansvar och kan göra arrangemang för att möta dina behov effektivt.

Att diskutera dina pensionsplaner med familjemedlemmar och nära och kära kan dessutom hjälpa till att hantera förväntningarna och förbereda dem för eventuella förändringar som kan inträffa. Om du till exempel planerar att flytta, minska eller göra betydande livsstilsförändringar, kan du genom att informera din familj i förväg anpassa sig till dessa förändringar och erbjuda sitt stöd. Det ger också en möjlighet att ta itu med eventuella problem eller preferenser de kan ha, vilket leder till en mer harmonisk övergång till pension.

För att undvika dessa problem, gör en samlad ansträngning för att kommunicera dina pensionsplaner tydligt och öppet. Börja med att ha detaljerade diskussioner med din make eller partner om dina mål, finansiella strategi och eventuella förändringar du förväntar dig. Se till att ni båda är på samma sida när det gäller din pensionsvision och ekonomisk förvaltning.

Överväg också att involvera andra familjemedlemmar som kan påverkas av dina pensionsbeslut. Detta kan inkludera att diskutera fastighetsplanering, hälsovårdsarrangemang eller förändringar i livssituationer med barn eller andra släktingar. Att ge dem en tydlig förståelse för dina planer hjälper till att undvika överraskningar och möjliggör bättre samordning av stöd och resurser.

Dessutom kan det vara fördelaktigt att dokumentera dina pensionsplaner och göra dem tillgängliga för din familj. Detta inkluderar att ha skriftliga register över ekonomiska arrangemang, fastighetsplaner och alla specifika instruktioner du kan ha. Att ha dessa dokument på plats säkerställer att dina önskemål är tydliga och lätt kan refereras vid behov.

Det är också viktigt att regelbundet uppdatera din kommunikation när dina planer utvecklas. Livsförhållanden och pensionsmål kan förändras, och att hålla din familj informerad om dessa förändringar hjälper till att upprätthålla anpassning och beredskap. Regelbundna incheckningar och uppdateringar säkerställer att alla förblir informerade och kan anpassa sina förväntningar eller planer därefter.

Sammanfattningsvis, att misslyckas med att kommunicera dina pensionsplaner kan leda till missförstånd, felanpassning och komplikationer för både dig och dina nära och kära. Genom att öppet diskutera dina mål, din ekonomiska strategi och förväntade förändringar kan du undvika konflikter, säkerställa bättre samordning av stödet och skapa en smidigare övergång till pension. Tydlig och pågående kommunikation är nyckeln till att hantera förväntningar och främja positiva relationer under hela din pensionsresa.

Slutsats

Pensionering är en viktig milstolpe som representerar både ett slut och en ny början. Det är en övergångstid som kräver noggrann planering och genomtänkt övervägande för att säkerställa en tillfredsställande och säker framtid. De utmaningar och fallgropar som diskuteras i den här boken belyser vikten av ett väl avrundat och proaktivt förhållningssätt till pensionsplanering. Att förstå och ta itu med dessa vanliga misstag kan göra en stor skillnad för att uppnå en bekväm och trevlig pension.

En av de viktigaste aspekterna är nödvändigheten av omfattande och proaktiv planering. Pensionsplanering är inte en engångsuppgift utan en pågående process som innebär att sätta realistiska mål, regelbundet utvärdera din ekonomiska situation och justera dina strategier efter behov. Prokrastinering kan undergräva även de bäst upplagda planerna, vilket betonar vikten av att börja tidigt och behålla farten under hela din karriär. Genom att ta ett proaktivt tillvägagångssätt kan du undvika fallgroparna med att underskatta utgifter, förlita dig för mycket på osäkra faktorer som arv och att inte ta hänsyn till marknadsvolatilitet.

En annan avgörande aspekt är behovet av diversifiering och riskhantering. Att förlita sig för mycket på en enda inkomstkälla, oavsett om det är investeringar, social trygghet eller arv, kan göra dig sårbar för finansiell instabilitet. Att diversifiera din investeringsportfölj och utforska flera inkomstströmmar, såsom deltidsarbete eller alternativa investeringar, kan ge en buffert mot oförutsedda omständigheter och öka din ekonomiska trygghet. Det är också viktigt att anpassa sig efter marknadsvolatilitet och hantera dina investeringar på ett sätt som balanserar risk och avkastning, särskilt när du närmar dig pension.

Effektiv kommunikation är en annan viktig del i framgångsrik pensionsplanering. Att underlåta att diskutera dina pensionsplaner med familjemedlemmar kan leda till missförstånd och konflikter, särskilt när det gäller ekonomiska beslut, omvårdnadsarrangemang och fastighetsplanering. Genom att tydligt kommunicera dina avsikter och involvera dina nära och kära i planeringsprocessen kan du säkerställa att alla är på samma sida och att dina önskemål förstås och respekteras.

Dessutom är det viktigt att förstå olika finansiella produkters roll, såsom livränta, och att integrera dem på lämpligt sätt i din pensionsstrategi. Livräntor kan ge en stabil inkomst men kommer med sina egna komplexiteter och kostnader. Att veta hur de passar in i din övergripande plan och vilka alternativ som finns tillgängliga kan hjälpa dig att fatta mer välgrundade beslut och undvika potentiella fallgropar.

Sjukvårdskostnader och livslängd är ytterligare två faktorer som kräver noggrant övervägande. När du åldras kan sjukvårdskostnader bli en betydande börda, och planering för dessa kostnader, även i avsaknad av heltäckande försäkring, är avgörande. På samma sätt är det viktigt att ta hänsyn till livslängden och se till att ditt pensionssparande kommer att räcka under hela din livstid för att upprätthålla finansiell stabilitet och livskvalitet.

Sammanfattningsvis innebär att undvika vanliga misstag i pensionsplaneringen ett holistiskt tillvägagångssätt som omfattar proaktiv planering, diversifierade investeringar, effektiv kommunikation och noggrant övervägande av finansiella produkter och utgifter. Genom att ta itu med dessa områden eftertänksamt och söka professionell rådgivning när det behövs, kan du skapa en pensionsstrategi som inte bara möter dina ekonomiska behov utan också förbättrar din övergripande livskvalitet. Pensionering bör vara en tid för att njuta av frukterna av ditt arbete, utforska nya möjligheter och anamma en tillfredsställande och givande fas i livet. Med noggrann planering och övervägande kan du uppnå en pension som ligger i linje med dina mål och ambitioner, vilket ger dig sinnesfrid och friheten att njuta av detta nya kapitel till fullo.

www.ingramcontent.com/pod-product-compliance
Lightning Source LLC
Chambersburg PA
CBHW050320230526
45471CB00005B/2277